수협회원조합

필기고시(수협법)

수협회원조합

필기고시(수협법)

초판 인쇄	2024년 9월 25일	
초판 발행	2024년 9월 27일	

편 저 자 | 취업적성연구소

발 행 처 | ㈜서원각

등록번호 | 1999-1A-107호

주   소 | 경기도 고양시 일산서구 덕산로 88-45(가좌동)

교재주문 | 031-923-2051

팩   스 | 031-923-3815

교재문의 | 카카오톡 플러스 친구[서원각]

홈페이지 | goseowon.com

PREFACE

우리나라 기업들은 1960년대 이후 현재까지 비약적인 발전을 이루었다. 이렇게 급속한 성장을 이룰 수 있었던 배경에는 우리나라 국민들의 근면성 및 도전정신이 있었다. 그러나 빠르게 변화하는 세계 경제의 환경에 적응하기 위해서는 근면성과 도전정신 이외에 또 다른 성장 요인이 필요하다.

한국기업들이 지속가능한 성장을 하기 위해서는 혁신적인 제품 및 서비스 개발, 선도 기술을 위한 R&D, 새로운 비즈니스 모델 개발, 효율적인 기업의 합병·인수, 신사업 진출 및 새로운 시장 개발 등 다양한 대안을 구축해 볼 수 있다. 하지만, 이러한 대안들 역시 훌륭한 인적자원을 바탕으로 할 때에 가능하다. 최근으로 올수록 기업체들은 자신의 기업에 적합한 인재를 선발하기 위해 기존의 학벌 위주의 채용을 탈피하고 기업 고유의 채용 제도를 도입하고 있는 추세이다.

수협회원조합에서도 업무에 필요한 역량 및 책임감과 적응력 등을 구비한 인재를 선발하기 위하여 고유의 필기고시를 치르고 있다. 본서는 수협회원조합 채용대비를 위한 필독서로 수협회원조합 필기고시의 출제경향을 철저히 분석하여 응시자들이 보다 쉽게 시험유형을 파악하고 효율적으로 대비할 수 있도록 구성하였다.

신념을 가지고 도전하는 사람은 반드시 그 꿈을 이룰 수 있습니다. 처음에 품은 신념과 열정이 취업 성공의 그 날까지 빛바래지 않도록 서원각이 수험생 여러분을 응원합니다.

STRUCTURE

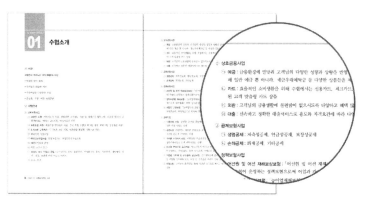

수협소개 및 채용안내

수협에 대한 간략한 설명과 채용 관련 정보를 담았습니다.

출제예상문제

각 영역별 출제가 예상되는 문제를 엄선하여 수록하였습니다.

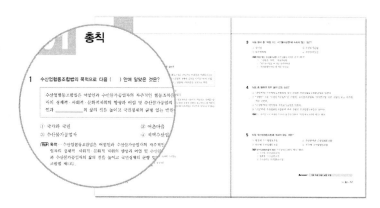

정답 및 해설

매 문제마다 상세한 해설을 달아 문제풀이만으로도 시험 대비가 가능하도록 구성하였습니다.

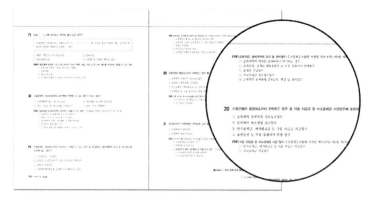

CONTENTS

PART

01

수협회원조합 소개

수협소개

(1) 비전

어업인이 부자되는 어부(漁富)의 세상

• 어업인 권익 강화

• 살기좋은 희망찬 어촌

• 지속가능한 수산환경 조성

• 중앙회 · 조합 · 어촌 상생발전

(2) 사업안내

① 교육지원사업

  ㉠ **어업인 지원** : 어촌지도상 발굴, 불합리한 수산제도 개선 및 피해보상 업무지원, 어업인 일자리 지원(행복海), 어업인 교육지원, 여성어업인 지원

  ㉡ **회원조합 지원** : 회원조합 인사업무 지원, 전국 수협 조합장 워크숍 개최, 회원조합 경영개선 지원

  ㉢ **도시어촌 교류촉진** : 도시어촌 교류 지원, 어촌관광 활성화 지원(어촌사랑)

  ㉣ **외국인력 지원사업**

  ㉤ **어선안전조업사업** : 안전조업지도, 어업인안전조업교육

  ㉥ **해양수산방송 운영**

  ㉦ **어업 in수산 발간**

  ㉧ **희망의 바다 만들기 운동** : 수산자원의 조성 · 회복관리, 바다환경의 유지 · 개선관리, 개발행위 저지 · 대응, 희망의 바다 만들기 사이트

  ㉨ **조사 · 연구**

② 상호금융사업

    ㉠ 예금 : 금융환경에 발맞춰 고객님의 다양한 성향과 상황을 반영하고 더 큰 혜택으로 돌려드리기 위해 일반 예금 뿐 아니라, 세금우대예탁금 등 다양한 상품들을 제안

    ㉡ 카드 : 효율적인 소비생활을 위해 수협에서는 신용카드, 체크카드, 기프트카드 등 다양하고 세분화된 고객 맞춤형 카드 상품

    ㉢ 외환 : 고객님의 금융생활에 불편함이 없으시도록 다양하고 혜택 많은 금융서비스를 제공

    ㉣ 대출 : 신속하고 정확한 대출서비스로 용도와 자격요건에 따라 다양한 상품 구비

③ 공제보험사업

    ㉠ 생명공제 : 저축성공제, 연금성공제, 보장성공제

    ㉡ 손해공제 : 화재공제, 기타공제

④ 정책보험사업

    ㉠ 어선원 및 어선 재해보상보험 : 「어선원 및 어선 재해보상보험법」에 따라 정부로부터 업무를 위탁받아 수협이 운영하는 정책보험으로써 어업과 관련된 각종 재해로 인한 피해를 보장

    ㉡ 양식수산물 재해보험 : 「농어업재해보험법」에 따라 수협이 보험사업자로 선정되어 운영하는 정책보험으로써 자연재해로 인한 양식수산물 및 양식시설물의 피해를 보장

    ㉢ 어업인 안전보험 : 「농어업인의 안전보험 및 안전재해예방에 관한 법률」에 의거 운용되는 정부 정책보험으로서, 어업작업으로 인하여 발생하는 부상, 질병, 장해, 사망 등의 재해를 보상

⑤ 경제사업

    ㉠ 이용가공 사업 : 신선한 수산물 유통에 필수적인 제빙 · 냉동 · 냉장사업과 상품의 부가가치 제고를 위한 가공 사업을 수행

    ㉡ 공판사업 : 어업인이 생산한 수산물을 소비지로 집결시켜 대량 유통시킴으로써 판로확보와 안정적 수산물 공급에 기여하는 사업

    ㉢ 수산물 가격지지 사업 : 어획물의 수급조절을 통한 어업인 수취가격 제고와 소비자 가격안정을 위해 정부비축사업과 수매 지원사업을 수행

    ㉣ 어업용 면세유류 공급사업 : 어업인들의 안정적 어업활동지원과 소득증진을 목적으로 면세유류공급 안정성확보, 경쟁입찰을 통한 저가구매, 면세유류 공급대상 확대 등을 지속적으로 추진

    ㉤ 어업용 기자재 및 선수물자 공급사업 : 연근해어선에 필요한 어선용 기관대체, 장비 개량 및 선외기 등 어업용 기자재와 로프, 어망 등 선수품을 저렴한 가격으로 공동구매해 공급

    ㉥ 수협쇼핑 : 소비자가 온라인을 통해 다양한 수산물을 빠르고 안전하게 구매할 수 있는 식품 종합쇼핑몰

ⓐ **수협B2B** : 온라인 비즈니스 시대에 적극 대응하고 수산물 유통구조 개선을 위해 기업 간 전자상거래를 지원하는 온라인 도매시장을 운영

◎ **군급식사업** : 군장병들에게 양질의 수산물을 공급함으로써 체력 향상은 물론 어업인 소득증대에 기여

ⓩ **단체급식 사업** : 수산물 소비촉진과 국민건강을 향상시키기 위해 전국 초·중·고등학교, 관공서 및 기업체 등의 단체급식 사업장에 양질의 수산물을 공급

ⓩ **노량진시장 현대화 사업** : 2007년부터 시장 현대화사업을 추진하여 2015년 건물을 완공하고 2016년 새롭게 개장

ⓣ **홈쇼핑사업** : 홈쇼핑 유통 채널을 통하여 중앙회 및 산지 회원조합, 중소 수산식품기업의 수산물 신규 판로개척과 대량 소비촉진으로 어업인 소득증대에 기여

ⓔ **무역사업** : 미주 및 호주, 캐나다, 중국, 동남아시아 등에 바다애찬 상품 및 한국수산식품 등을 수출하고 있으며, 해외지역에서 한국 수산식품의 홍보활동과 해외시장 개척에 노력

(3) 수협자회사

① **수협은행** ⋯ 고객지향적 서비스로 고객의 재정적 성공을 도움으로써 국민 경제 활성화에 기여하고 해양·수산업의 발전과 해양·수산인의 성공을 지원하며 해양·수산관계자 및 고객과의 동반성장을 통해 밝은 미래를 이끌어 나가는 역할을 하고 있다.

② **수협노량진수산** ⋯ 노량진수산시장은 수산물 유통업계의 혁신을 주도하고 생산자와 소비자를 함께 보호하는 법정 도매시장으로서, 생산자 수취가격을 높이고 소비자에게는 저렴한 가격으로 품질 좋은 먹거리를 공급함으로써 수산물의 안정적인 수급과 소비자물가 안정에 기여하고 있다.

③ **수협유통** ⋯ 수협유통은 1992년 수협중앙회에서 설립한 수산물 유통 전문 회사이다. 수협유통에서는 "어업인에게 희망과 고객에게 믿음을"이라는 경영목표 아래 생산자에게는 유통활로를, 소비자에게는 고품질의 수산물을 합리적인 가격에 제공한다는 목표를 실현하기 위해 최선을 다하고 있다.

④ **수협사료** ⋯ 수협중앙회와 양식관련 수협이 공동출자하여 설립된 국내 유일의 양어사료 전문 제조업체로서 연안오염 경감 및 양식어민의 소득증대를 위해 기여하고 있다.

⑤ **수협개발** ⋯ 시설물관리 및 근로자파견 및 수산물 가공 도급사업 등의 차별화된 노하우와 전문성으로 최고의 서비스 제공을 목적으로 한다.

⑥ **위해수협국제무역유한공사** ⋯ 한·중 FTA체결에 따라 중국에 선도적으로 진출하여 세계의 생산공장에서 세계의 소비시장화 되고 있는 중국에 안전하고 우수한 국내 수산식품의 소비를 확대하고자, 중국 현지법인을 개설하여 국산 수산물의 대중국 수출확대를 통한 수산업 경쟁력 강화 및 수산물 소비촉진에 기여하고 있다.

(4) 회원조합소개

① 수산인 104만 명

② 전국 91개 조합

 ㉠ 지구별 70개소, 업종별 19개소, 수산물가공조합 2개소

 ㉡ 조합원 158천 명

③ 어촌계 2,029개소

채용안내

(1) 인재상

① 협동과 소통으로 시너지를 창출하는 수협인 … 동료와 팀워크를 발휘하여 조직의 목표 달성에 기여하며, 다양한 배경과 생각을 가진 사람들과 의견을 조율하여 문제를 해결하는 사람.

② 창의와 혁신으로 미래에 도전하는 수협인 … 번뜩이는 생각과 새로운 시각으로 변화하는 시대에 앞서 나가며, 유연한 자세로 변화를 추구하며 새로운 분야를 개척하는 사람.

③ 친절과 배려로 어업인과 고객에 봉사하는 수협인 … 고객을 섬기는 따뜻한 가슴으로 고객 행복에 앞장서며, 상대방의 입장에서 생각하고 행동하는 너그러운 마음을 품은 사람.

(2) 수협 회원조합 일괄 공개채용 안내

① 응시자격

  ㉠ 학력 : 제한 없음

  ㉡ 연령 : 제한 없음

  ㉢ 기타

   • 우리 수협 인사규정상 채용결격사유에 해당하지 않는 자

   • 우리 수협 업무 관련 자격증 소지자 우대

   • 취업지원대상자, 장애인은 관련법령에 의해 가점 등 부여

② 전형방법

　　㉠ 서류전형 : 입사지원은 채용 홈페이지 On-line으로만 접수(입사지원서 등을 고려 채용예정인원의 각 수협별 배수 내외 선발)

　　㉡ 필기고시

　　　• 일반관리계 : 필수과목(인·적성검사), 선택과목[민법(친족, 상속편 제외), 회계학(원가관리회계, 세무회계 제외), 경영학(회계학 제외), 수협법(시행령, 시행규칙 포함), 상업경제 중 택 1]

　　　• 기술·기능계 : 필수과목(인·적성검사)

　　㉢ 면접전형 : 인성면접, 실무면접 등

　　㉣ 최종합격

　　　• 면접전형 고득점자 순으로 면접전형 합격자 결정

　　　• 면접전형 합격자 중 신체검사 합격자에 한하여 임용

　　㉤ 임용

③ 응시자 유의사항

　　㉠ 수협별 중복 입사지원은 불가능하다.

　　㉡ 적격자가 없는 경우 선발하지 않을 수 있다.

　　㉢ 입사지원서 기재 착오, 필수사항 및 요건 누락 등으로 인한 불이익은 본인 부담이며, 주요기재사항이 제출서류와 일치하지 않을 경우 합격 또는 입사를 취소할 수 있다.

　　㉣ 최종합격자는 반드시 본인이 임용등록 서류 제출일에 참석하여 등록을 마쳐야 하며 기한 내에 임용등록을 하지 않을 경우 임용 의사가 없는 것으로 간주한다.

　　㉤ 면접전형 시 제출한 서류는 채용절차의 공정화에 관한 법률 제11조에 따라 최종합격자 발표 후 14일 이내 반환 청구가 가능하다.

　　㉥ 우리 수협 인사규정상 임용 후 전보 및 순환보직 가능하다.

　　㉦ 채용 관련 문의는 채용게시판 내 Q&A 이용 또는 지원하신 수협 총무과로 연락하면 된다.

PART

02

수협법

CHAPTER

01 총칙

1 수산업협동조합법의 목적으로 다음 (   ) 안에 공통으로 알맞은 것은?

> 수산업협동조합법은 어업인과 (   )의 자주적인 협동조직을 바탕으로 어업인과 (   )의 경제적·사회적·문화적지위의 향상과 어업 및 수산물가공업의 경쟁력 강화를 도모함으로써 어업인과 (   )의 삶의 질을 높이고 국민경제의 균형 있는 발전에 이바지함을 목적으로 한다.

① 국가와 국민
② 어촌마을
③ 수산물가공업자
④ 지역수산업자

TIP 목적 … 수산업협동조합법은 어업인과 수산물가공업자의 자주적인 협동조직을 바탕으로 어업인과 수산물가공업자의 경제적·사회적·문화적 지위의 향상과 어업 및 수산물가공업의 경쟁력 강화를 도모함으로써 어업인과 수산물가공업자의 삶의 질을 높이고 국민경제의 균형 있는 발전에 이바지함을 목적으로 한다〈수산업협동조합법 제1조〉.

2 다음 중 수산업협동조합법의 목적으로 옳지 않은 것은?

① 국민경제의 균형 있는 발전에 기여
② 어업인의 개인적 이익의 극대화
③ 어업인의 경제적·사회적·문화적 지위향상
④ 어업 및 수산물가공업의 경쟁력 강화

TIP 수산업협동조합법의 목적〈수산업협동조합법 제1조〉
　　㉠ 어업인과 수산물가공업자의 경제적·사회적·문화적 지위향상
　　㉡ 어업 및 수산물가공업의 경쟁력 강화
　　㉢ 어업인과 수산물가공업자의 삶의 질을 향상시킴
　　㉣ 국민경제의 균형 있는 발전에 기여

3 다음 용어 중 "어업 또는 수산물가공업"에 속하지 않는 것은?

① 양식업
② 수산물가공업
③ 내수면어업
④ 수산물수입업

TIP 어업 또는 수산물가공업〈수산업협동조합법 제2조 제2호〉
    ㉠ 「수산업법」 어업, 수산물가공업
    ㉡ 「내수면어업법」에 따른 내수면어업
    ㉢ 「양식산업발전법」에 따른 양식업

4 다음 중 용어의 뜻이 옳지 않은 것은?

① "중앙회"란 수산업협동조합법에 따라 설립된 수산업협동조합중앙회를 말한다.
② "어업인" 또는 "수산물가공업자"란 어업인, 수산물가공업자, 내수면어업 관련 어업인 또는 양식업자를 말한다.
③ "수산업"이란 양식업과 수산물가공업을 말한다.
④ "조합"이란 수산업협동조합법에 따라 설립된 수산업협동조합을 말한다.

TIP ② "수산업"이란 어업과 수산물가공업을 말한다〈수산업협동조합법 제2조 제1호〉.

5 다음 수산업협동조합에 속하지 않는 것은?

① 업종별 수산업협동조합
② 수산물가공 수산업협동조합
③ 인구별 수산업협동조합
④ 지구별 수산업협동조합

TIP 수산업협동조합의 종류〈수산업협동조합법 제2조 제4호〉
    ㉠ 지구별 수산업협동조합
    ㉡ 업종별 수산업협동조합
    ㉢ 수산물가공 수산업협동조합

Answer   1.③ 2.② 3.④ 4.③ 5.③

6 조합 및 중앙회명칭의 사용에 대한 설명으로 옳지 않은 것은?

① 중앙회는 수산업협동조합중앙회의 명칭을 사용해야 한다.

② 수산물가공 수산업협동조합은 수산물가공업명을 붙인 수산업협동조합의 명칭을 사용해야 한다.

③ 지구별 수산업협동조합은 지구명을 붙인 수산업협동조합의 명칭을 사용해야 한다.

④ 업종별 수산업협동조합은 업종명 또는 양식장명을 붙인 수산업협동조합의 명칭을 사용해야 한다.

TIP 명칭사용의 기준〈수산업협동조합법 제3조 제1항〉
   ⊙ 지구별 수산업협동조합은 지구명을 붙인 수산업협동조합의 명칭을 사용할 것
   ⊙ 업종별 수산업협동조합은 업종명(양식방법을 포함한다) 또는 품종명을 붙인 수산업협동조합의 명칭을 사용할 것.
   ⊙ 수산물가공 수산업협동조합은 수산물가공업명을 붙인 수산업협동조합의 명칭을 사용할 것
   ⊙ 중앙회는 수산업협동조합중앙회의 명칭을 사용할 것

7 수산업협동조합이란 명칭를 사용할 수 없는 곳은?

① 조합이 설립한 법인

② 중앙회가 출자한 법인

③ 지방자치단체가 필요하다고 인정하는 법인

④ 조합 또는 중앙회가 출연한 법인

TIP ③ 중앙회가 필요하다고 인정하는 법인이 수산업협동조합이란 명칭을 사용할 수 있다〈수산업협동조합법 제3조 제2항 제2호〉.

※ 다음에 해당하는 법인이 조합 또는 중앙회의 정관으로 정하는 바에 따라 승인을 받은 경우에는 수산업협동조합 명칭 또는 이와 유사한 명칭을 사용할 수 있다.
   ⊙ 조합 또는 중앙회가 출자하거나 출연한 법인
   ⊙ 그 밖에 중앙회가 필요하다고 인정하는 법인

8 다음 중 조합 및 중앙회에 대한 설명으로 옳지 않은 것은?

① 조합과 중앙회는 법인으로 설립해야 한다.
② 조합과 중앙회는 설립취지에 반하여 영리를 목적으로 하는 업무를 할 수 없다.
③ 조합과 중앙회의 주소는 그 주된 사무소의 소재지로 한다.
④ 조합과 중앙회 업무수행 시 지역주민을 위하여 최대한 봉사해야 한다.

TIP 최대 봉사의 원칙〈수산업협동조합법 제5조〉
ⓒ 조합과 중앙회는 그 업무 수행 시 조합원이나 회원을 위하여 최대한 봉사하여야 한다.
ⓒ 조합과 중앙회는 일부 조합원이나 일부 회원의 이익에 편중되는 업무를 하여서는 아니 된다.
ⓒ 조합과 중앙회는 설립 취지에 반하여 영리 또는 투기를 목적으로 하는 업무를 하여서는 아니 된다.

9 다음 중 중앙회등의 책무로 옳지 않은 것은?

① 중앙회는 자기자본을 충실히 하고 적정한 유동성을 유지하는 등 경영의 건전성 및 효율성을 확보하여야 한다.
② 중앙회는 회원의 사업이 원활히 이루어지도록 도와야 하며, 회원들 간의 이익이 고르게 분배되도록 중재하여야 한다.
③ 중앙회는 회원의 사업과 직접 경합되는 사업을 하여 회원의 사업을 위축시켜서는 아니 된다.
④ 중앙회는 회원의 건전한 발전을 도모하기 위하여 적극 노력하여야 한다.

TIP 중앙회등의 책무〈수산업협동조합법 제6조〉
ⓒ 중앙회는 회원의 건전한 발전을 도모하기 위하여 적극 노력하여야 한다.
ⓒ 중앙회는 회원의 사업이 원활히 이루어지도록 돕고, 회원의 공동이익을 위한 사업을 수행함을 원칙으로 하며, 회원의 사업과 직접 경합되는 사업을 하여 회원의 사업을 위축시켜서는 아니 된다.
ⓒ 중앙회는 자기자본을 충실히 하고 적정한 유동성을 유지하는 등 경영의 건전성 및 효율성을 확보하여야 한다.
※ **중앙회등** … 중앙회 및 중앙회가 출자한 법인(수협은행 제외)을 말한다〈수산업협동조합법 제6조〉.

Answer 6.④ 7.③ 8.④ 9.②

10 회원 또는 회원의 조합원을 위한 중앙회등의 책무로 옳지 않은 것은?

① 수산물 가격안정을 위한 수급조절
② 회원의 조합원으로부터 수집한 수산물 및 그 가공품의 판매를 적극적으로 추진
③ 회원으로부터 판매를 위탁받은 수산물에 대하여 적극적인 수출 추진
④ 회원 또는 회원의 조합원을 위한 이익의 극대화를 위한 노력

> **TIP** 중앙회등은 회원 또는 회원의 조합원으로부터 수집하거나 판매위탁을 받은 수산물 및 그 가공품의 유통, 가공, 판매 및 수출을 적극적으로 추진하고, 수산물 가격안정을 위하여 수급조절에 필요한 조치를 하여야 한다 〈수산업협동조합법 제6조 제4항〉.

11 조합등 및 중앙회에 대한 설명으로 옳지 않은 것은?

① 조합등 및 중앙회는 공직선거에서 특정 정당을 지지하는 행위를 할 수 없다.
② 조합등 및 중앙회의 재산에 대하여는 국가 및 지방자치단체의 조세일체와 부과금을 면제한다.
③ 조합등과 중앙회는 다른 협동조합 등과의 공동사업 개발 등을 위하여 노력해야 한다.
④ 국가와 공공단체는 조합등과 중앙회의 사업에 필요한 경비를 보조하거나 융자할 수 있다.

> **TIP** ② 조합등, 중앙회 및 수협은행의 업무 및 재산에 대하여는 국가 및 지방자치단체의 조세 외의 부과금을 면제한다〈수산업협동조합법 제8조〉.
> ① 수산업협동조합법 제7조 제1항
> ③ 수산업협동조합법 제10조
> ④ 수산업협동조합법 제9조 제1항
>
> ※ **조합등** … 조합 및 조합공동사업법인을 말한다〈수산업협동조합법 제7조〉.

12 조합등·중앙회와 국가·공공단체의 협력에 대한 설명으로 옳지 않은 것은?

① 중앙회의 회장은 조합등과 중앙회의 발전을 위한 사항에 관하여 국가에 의견을 제출할 수 있다.

② 국가는 조합등과 중앙회의 자율성을 침해할 수 없다.

③ 중앙회의 회장이 국가나 공공단체에 의견을 제출하면 국가나 공공단체는 6개월 이내에 의견반영 여부를 통보해야 한다.

④ 국가와 공공단체는 조합등과 중앙회의 사업에 적극적으로 협력하여야 한다.

TIP 국가·공공단체의 협력〈수산업협동조합법 제9조〉
    ㉠ 국가와 공공단체는 조합등과 중앙회의 사업에 적극적으로 협력하여야 한다. 이 경우 국가와 공공단체는 조합등과 중앙회의 사업에 필요한 경비를 보조하거나 융자할 수 있다.
    ㉡ 국가와 공공단체는 조합등과 중앙회의 자율성을 침해하여서는 아니 된다.
    ㉢ 중앙회의 회장은 조합등과 중앙회의 발전을 위하여 필요한 사항에 관하여 국가와 공공단체에 의견을 제출할 수 있다. 이 경우 국가와 공공단체는 그 의견이 반영되도록 노력하여야 한다.

13 조합과 중앙회의 보관사업에 대하여 수산업협동조합법 외에 준용되는 법률은?

① 상법
② 화물자동차 운수사업법
③ 보험업법
④ 해운법

TIP 조합과 중앙회의 보관사업에 대해서는 이 법에서 정한 것 외에「상법」제155조부터 제168조까지의 규정을 준용한다〈수산업협동조합법 제12조 제2항〉.

Answer   10.④ 11.② 12.③ 13.①

CHAPTER 02

지구별 수산업협동조합

---

01 〉 목적과 구역

1 지구별 수산업협동조합의 목적으로 옳지 않은 것은?

① 조합원 어업생산성의 향상

② 조합원이 생산한 수산물의 판로확대 및 유통의 원활화를 도모

③ 조합원의 경제적 · 사회적 · 문화적 지위향상을 증대

④ 조합원의 대중교통 확충 및 의료서비스의 제공

TIP 지구별 수산업협동조합의 목적〈수산업협동조합법 제13조〉
- ㉠ 조합원의 어업 생산성의 향상
- ㉡ 조합원이 생산한 수산물의 판로 확대 및 유통의 원활화를 도모
- ㉢ 조합원에게 필요한 자금 · 자재 · 기술 및 정보 등의 제공
- ㉣ 조합원의 경제적 · 사회적 · 문화적 지위향상의 증대

2 지구별수협을 설치할 수 있는 구역은?

① 행정안전부장관의 인가를 받은 구역

② 시 · 군의 행정구역

③ 해양수산부장관이 설치를 요청한 지역

④ 대통령령으로 정하는 지역

TIP 지구별수협의 구역 및 지사무소〈수산업협동조합법 제14조〉
- ㉠ 지구별수협의 구역은 시 · 군의 행정구역에 따른다. 다만, 해양수산부장관의 인가를 받은 경우에는 그러하지 아니하다.
- ㉡ 지구별수협은 정관으로 정하는 바에 따라 지사무소를 둘 수 있다.

3 다음 중 어촌계에 대한 설명으로 옳지 않은 것은?

① 어촌계는 행정구역·경제권 등을 중심으로 지구별수협의 조합원이 조직한다.

② 어촌계는 어촌계라는 명칭을 사용하여야 한다.

③ 어촌계의 설립할 때에는 시장·군수·구청장의 인가를 받아야 한다.

④ 어촌계의 관리 등에 필요한 사항은 해양수산부령으로 정한다.

TIP ④ 어촌계의 관리 등에 필요한 사항은 대통령령으로 정한다〈수산업협동조합법 제15조 제2항〉.
　　① 수산업협동조합법 제15조 제1항
　　② 수산업협동조합법 시행령 제3조
　　③ 수산업협동조합법 시행령 제4조 제1항

4 다음 중 어촌계의 목적으로 옳지 않은 것은?

① 어촌계원에 대한 어업지역의 균등한 배분　　② 경제적·사회적 및 문화적 지위의 향상

③ 어촌계원의 어업 생산성의 향상　　④ 생활향상을 위한 공동사업의 수행

TIP 어촌계의 목적 … 수산업협동조합법에 따라 설립되는 어촌계는 어촌계원의 어업 생산성을 높이고 생활 향상을 위한 공동사업의 수행과 경제적·사회적 및 문화적 지위의 향상을 도모함을 목적으로 한다〈수산업협동조합법 시행령 제2조〉.

5 어촌계를 설립하고자 할 때 설립준비위원회를 구성해야 하는 발기인의 수는?

① 지구별수협의 조합원 7명 이상　　② 지구별수협의 조합원 10명 이상

③ 업종별수협의 조합원 7명 이상　　④ 업종별수협의 조합원 10명 이상

TIP 어촌계는 구역에 거주하는 지구별수협의 조합원 10명 이상이 발기인이 되어 설립준비위원회를 구성하여야 한다〈수산업협동조합법 시행령 제4조 제1항〉.

Answer　　1.④　2.②　3.④　4.①　5.②

6 어촌계의 설립에 대한 설명으로 옳지 않은 것은?

① 어촌계는 지구별 수산업협동조합의 조합원이 설립준비위원회를 구성해야 한다.

② 설립절차 및 인가신청에 관하여 필요한 사항은 해양수산부령으로 정한다.

③ 섬의 경우에는 조합원 3명 이상이 발기인이 되어 설립준비위원회를 구성할 수 있다.

④ 어촌계의 설립은 특별자치도지사 또는 시장·군수·구청장의 인가를 받아야 한다.

TIP ③ 섬의 경우에는 조합원 5명 이상이 발기인이 되어 설립준비위원회를 구성한다〈수산업협동조합법 시행령 제4조 제1항〉.

①④ 어촌계는 구역에 거주하는 지구별수협의 조합원 10명 이상이 발기인이 되어 설립준비위원회를 구성하고, 어촌계 정관을 작성하여 창립총회의 의결을 거쳐 특별자치도지사·시장·군수·구청장(구청장은 자치구의 구청장을 말하며, 이하 "시장·군수·구청장"이라 한다)의 인가를 받아야 한다〈수산업협동조합법 시행령 제4조 제1항〉.

② 수산업협동조합법 시행령 제4조 제3항

7 어촌계 설립준비과정에서 필요한 절차에 대한 설명으로 옳은 것은?

① 설립준비위원회의 의사는 발기인의 3분의 1 이상이 찬성해야 한다.

② 창립총회의 의결을 거치면 바로 어촌계가 설립된다.

③ 어촌계를 설립한 후에는 설립준비위원회를 수시로 개최해야 한다.

④ 창립총회의 의사는 설립동의서를 제출한 사람 중 과반수의 찬성으로 의결된다.

TIP 설립준비위원회의 의사는 재적 발기인 과반수의 찬성으로 의결하고, 창립총회의 의사는 어촌계원의 자격이 있는 사람 중 개의 전까지 설립준비위원회에 설립동의서를 제출한 사람 과반수의 찬성으로 의결한다〈수산업협동조합법 시행령 제4조 제2항〉.

② 창립총회의 의결을 거쳐 시장·군수·구청장의 인가를 받아야 한다〈수산업협동조합법 시행령 제4조 제1항〉.

③ 어촌계를 설립하려는 경우에 설립준비위원회를 개최하여야 한다〈수산업협동조합법 시행규칙 제2조 제1항〉.

8 다음 ( ) 안에 알맞은 것을 고르면?

> 지구별수협의 조합원이 어촌계를 설립하려는 경우에는 발기인이 명칭, 구역 등의 사항을 ( ) 이상 주된 사무소의 예정지에 공고한 후 설립준비위원회를 개최하여야 한다.

① 7일   ② 14일

③ 15일   ④ 21일

TIP 지구별수협의 조합원이 어촌계를 설립하려는 경우에는 발기인이 명칭, 구역, 어촌계 설립에 필요한 사항 등을 1주일 이상 주된 사무소의 예정지에 공고한 후 설립준비위원회를 개최하여야 한다〈수산업협동조합법 시행규칙 제2조 제1항〉.

9 지구별수협의 조합원이 어촌계를 설립하고자 할 때 설립준비위원회를 개최하여야 한다. 이 때 주된 사무소의 예정지에 발기인이 공고해야 할 사항으로 옳지 않은 것은?

① 어촌계원의 권리와 의무   ② 발기인의 인적사항

③ 어촌계원의 자격   ④ 어촌계의 구역

TIP 설립준비위원회 개최 전 발기인이 사무소의 예정지에 공고해야 할 사항〈수산업협동조합법 시행규칙 제2조 제1항〉
     ㉠ 명칭
     ㉡ 구역
     ㉢ 어촌계원의 자격
     ㉣ 어촌계원의 권리와 의무
     ㉤ 어촌계 설립에 필요한 사항

10 어촌계를 설립하고자 할 때 설립준비위원회가 해야 할 일로 옳지 않은 것은?

① 어촌계의 정관안 작성   ② 창립총회의 일시 및 장소 선정

③ 사업계획서안 작성   ④ 예산안 수립

TIP 설립준비위원회는 어촌계의 정관안과 사업계획서안을 작성하고 가입 신청에 관한 사항, 창립총회의 일시 및 장소를 정하여 1주일 이상 주된 사무소의 예정지에 공고한 후 어촌계원의 자격이 있는 사람 중 어촌계의 설립에 동의하는 사람으로부터 어촌계 설립동의서를 받아야 한다〈수산업협동조합법 시행규칙 제2조 제2항〉.

Answer   6.③ 7.④ 8.① 9.② 10.④

11 어촌계의 창립총회 시 의결을 거쳐야 할 사항으로 옳지 않은 것은?

① 정관
② 사업계획 및 수지예산
③ 어촌계원의 자격에 관한 사항
④ 어촌계 설립에 필요한 사항

TIP 어촌계 창립총회 의결을 거쳐야 할 사항〈수산업협동조합법 시행규칙 제2조 제3항〉.
  ㉠ 정관
  ㉡ 사업계획 및 수지예산
  ㉢ 어촌계 설립에 필요한 사항

12 어촌계의 설립인가를 신청할 수 있는 사람은?

① 읍·면·동장
② 어촌구역 이장
③ 지구별 수협의 조합원 5인 이상
④ 설립준비위원회

TIP 설립준비위원회가 어촌계의 설립인가를 받으려는 경우에는 어촌계설립인가 신청서를 시·군수·구청장에게 제출하여야 한다〈수산업협동조합법 시행규칙 제3조 제1항〉.

13 설립준비위원회가 어촌계의 설립인가를 신청할 때 신청서에 첨부해야 할 서류로 옳지 않은 것은?

① 어촌계원의 동의서 목록
② 구역 및 어장약도
③ 창립총회 의사록
④ 정관

TIP 어촌계의 설립인가를 신청할 때 첨부해야 할 서류〈수산업협동조합법 시행규칙 제3조 제1항〉
  ㉠ 정관
  ㉡ 창립총회 의사록
  ㉢ 사업계획서 및 수지예산서
  ㉣ 임원 및 어촌계원 명부
  ㉤ 구역 및 어장약도

14 시·군수·구청장이 어촌계의 설립을 인가한 경우에 인가한 사실을 통보해야 할 대상은?

① 관할 읍·면·동장

② 관할 지구별수협의 장

③ 어촌구역의 지역주민

④ 어촌계원 및 준어촌계원

TIP 시장·군수·구청장은 어촌계의 설립을 인가한 경우에는 그 사실을 관할 지구별수협의 장에게 통보하여야 한다〈수산업협동조합법 시행규칙 제3조 제2항〉.

15 어촌계의 정관에 포함되어야 할 사항을 모두 고르면?

> ㉠ 어촌계원의 자격 및 권리·의무에 관한 사항
> ㉡ 경비 부과, 수수료 및 사용료에 관한 사항
> ㉢ 어촌계원의 가입·탈퇴 및 제명에 관한 사항
> ㉣ 잉여금의 처분 및 결손금의 처리방법에 관한 사항
> ㉤ 사업의 종류와 그 집행에 관한 사항
> ㉥ 설립에 관한 사항

① ㉠㉡㉢㉣㉤

② ㉠㉡㉢㉤㉥

③ ㉡㉢㉣㉤㉥

④ ㉠㉡㉢㉣㉤㉥

TIP 어촌계의 정관에 포함되어야 할 사항〈수산업협동조합법 시행령 제5조 제1항〉
> ㉠ 목적
> ㉡ 명칭
> ㉢ 구역
> ㉣ 주된 사무소의 소재지
> ㉤ 어촌계원의 자격 및 권리·의무에 관한 사항
> ㉥ 어촌계원의 가입·탈퇴 및 제명에 관한 사항
> ㉦ 총회 및 그 밖의 의결기관과 임원의 정수·선출 및 해임에 관한 사항
> ㉧ 사업의 종류와 그 집행에 관한 사항
> ㉨ 경비 부과, 수수료 및 사용료에 관한 사항
> ㉩ 적립금의 금액 및 적립방법에 관한 사항
> ㉪ 잉여금의 처분 및 결손금의 처리방법에 관한 사항
> ㉫ 회계연도 및 회계에 관한 사항
> ㉬ 해산에 관한 사항

※ 어촌계 정관의 변경에 관한 사항은 시장·군수·구청장의 인가를 받아야 한다. 다만, 해양수산부장관이 정하는 정관 예에 따라 변경하는 경우에는 그러하지 아니하다〈수산업협동조합법 시행령 제5조 제2항〉.

Answer   11.③ 12.④ 13.① 14.② 15.①

16 어촌계원에 대한 설명으로 옳지 않은 것은?

① 어촌계원은 어촌계원과 준어촌계원으로 구분한다.

② 어촌계의 계원 자격을 이양받고 어촌계의 구역에 거주하는 사람도 어촌계에 가입할 수 있다.

③ 준어촌계원은 총회의 의결을 받아야 한다.

④ 어촌계의 구역에 거주하는 사람은 누구나 어촌계에 가입할 수 있다.

TIP ④ 지구별수협의 조합원으로서 어촌계의 구역에 거주하는 사람은 어촌계에 가입할 수 있다〈수산업협동조합법 시행령 제6조 제1항〉.

② 어촌계의 계원 자격을 이양받는 사람으로서 해당 어촌계의 구역에 거주하는 사람은 어촌계에 가입한 날부터 1년 이내에 해당 구역의 지구별수협의 조합원으로 가입할 것을 조건으로 어촌계에 가입할 수 있다〈수산업협동조합법 시행령 제6조 제2항〉.

※ 총회의 의결을 받아 준어촌계원이 될 수 있는 사람〈수산업협동조합법 시행령 제6조 제3항〉.

⊙ 어촌계원의 자격이 없는 어업인 중 어촌계가 취득한 마을어업권 또는 어촌계의 구역에 있는 지구별수협이 취득한 마을어업권의 어장에서 입어를 하는 사람

ⓒ 어촌계의 구역에 거주하는 사람으로서 어촌계의 사업을 이용하는 것이 적당하다고 인정되는 사람

17 어촌계가 정관으로 정해 수행할 수 있는 사업을 모두 고르면?

⊙ 어업자금의 알선 및 배정
ⓒ 어업인의 생활필수품과 어선 및 어구의 공동구매
ⓒ 어촌 관광레저시설의 설치 및 운영
ⓔ 다른 경제단체 · 사회단체 및 문화단체와의 교류 · 협력
ⓜ 어업권 · 양식업권의 취득 및 어업의 경영
ⓑ 어업인의 후생복지사업

① ⊙ⓒⓒⓔⓜ

② ⊙ⓒⓔⓜⓑ

③ ⓒⓒⓔⓜⓑ

④ ⊙ⓒⓒⓔⓜⓑ

TIP 어촌계정관으로 정하여 수행할 수 있는 사업〈수산업협동조합법 시행령 제7조 제1항〉.

⊙ 교육 · 지원사업
ⓒ 어업권 · 양식업권의 취득 및 어업의 경영
ⓒ 소속 지구별수협이 취득한 어업권 · 양식업권의 행사
ⓔ 어업인의 생활필수품과 어선 및 어구의 공동구매
ⓜ 어촌 공동시설의 설치 및 운영

ⓑ 수산물의 간이공동 제조 및 가공

ⓢ 어업자금의 알선 및 배정

ⓞ 어업인의 후생복지사업

ⓩ 구매·보관 및 판매사업

ⓩ 다른 경제단체·사회단체 및 문화단체와의 교류·협력

ⓚ 국가, 지방자치단체 또는 지구별수협의 위탁사업 및 보조에 따른 사업

ⓔ 다른 법령에서 어촌계의 사업으로 정하는 사업

ⓟ ⓚ부터 ⓔ까지의 사업에 부대하는 사업

ⓗ 그 밖에 어촌계의 목적달성에 필요한 사업

※ 어촌계는 사업목적을 달성하기 위하여 기금을 조성·운용하거나 중앙회, 수협은행 또는 지구별수협으로부터 자금을 차입할 수 있다〈수산업협동조합법 시행령 제7조 제2항〉.

18 어촌계의 해산사유로 옳지 않은 것은?

① 어촌계 정관으로 정한 해산 사유의 발생

② 설립인가의 취소

③ 어촌계원의 수가 15명 미만이 되는 경우

④ 섬의 어촌계원의 수가 5명 미만이 되는 경우

TIP 어촌계의 해산 사유〈수산업협동조합법 시행령 제8조 제1항〉

ⓐ 어촌계 정관으로 정한 해산 사유의 발생

ⓑ 총회의 해산의결

ⓒ 어촌계원의 수가 10명 미만이 되는 경우. 다만, 섬의 경우는 어촌계원의 수가 5명 미만이 되는 경우로 한다.

ⓓ 설립인가의 취소

※ 어촌계가 해산하였을 때에는 그 해산 사유가 발생한 날부터 2주일 이내에 소속 지구별수협의 조합장을 거쳐 시장·군수·구청장에게 보고하여야 한다〈수산업협동조합법 시행령 제8조 제3항〉.

19 시장·군수·구청장이 어촌계의 설립인가를 취소할 수 있는 경우로 옳지 않은 것은?

① 어촌계의 사업량으로 보아 어촌계의 운영이 매우 곤란하다고 인정되는 경우
② 어촌계원의 수가 급격히 감소한 경우
③ 마을어업권을 행사할 때 분쟁의 조정상 필요하다고 인정되는 경우
④ 어촌계의 부채가 그 자산을 초과한 경우

TIP 시장·군수·구청장이 어촌계의 설립인가를 취소할 수 있는 경우〈수산업협동조합법 시행령 제9조〉.
 ㉠ 어촌계의 부채가 그 자산을 초과한 경우
 ㉡ 어촌계의 사업량으로 보아 어촌계의 운영이 매우 곤란하다고 인정되는 경우
 ㉢ 마을어업권을 행사할 때 분쟁의 조정상 필요하다고 인정되는 경우

20 어촌계의 업무를 지도·감독할 수 있는 주체로 옳지 않은 자는?

① 해양수산부장관   ② 지방자치단체장
③ 지구별수협의 조합장   ④ 지구별수협의 소속 직원

TIP 어촌계업무의 지도·감독〈수산업협동조합법 시행령 제10조〉
 ㉠ 지구별수협의 조합장은 조합구역의 어촌계의 업무를 지도·감독한다. 다만, 지방자치단체가 보조한 사업 및 그 관련 업무에 대해서는 해당 지방자치단체의 장이 지도·감독할 수 있다.
 ㉡ 지구별수협의 조합장과 지방자치단체의 장은 어촌계의 업무를 지도·감독하기 위하여 필요하다고 인정하면 그 소속 직원 또는 소속 공무원으로 하여금 어촌계를 감사하게 할 수 있다.

1 지구별 수협설립요건에 해당하지 않는 것은?

① 20인 이상의 발기인　　　　　　　② 정관의 작성
③ 창립총회의 의결　　　　　　　　　④ 지방자치단체장의 인가

TIP 지구별수협을 설립하려면 해당 구역의 조합원 자격을 가진 자 20인 이상이 발기인(發起人)이 되어 정관을 작성하고 창립총회의 의결을 거친 후 해양수산부장관의 인가를 받아야 한다〈수산업협동조합법 제16조 제1항〉.

2 지구별 수협설립에 대한 설립으로 옳지 않은 것은?

① 지구별 수협설립을 위한 조합원 수, 출자금 등 인가의 기준 및 절차는 대통령령으로 정한다.
② 지구별수협을 설립하려면 발기인이 정관을 작성하고 창립총회의 의결을 거쳐야 한다.
③ 설립인가 신청을 받은 기관장은 신청을 받은 날부터 30일 이내에 인가 여부를 신청인에게 통지해야 한다.
④ 창립총회의 의사는 개의 전까지 발기인에게 설립동의서를 제출한 자 과반수의 찬성으로 의결한다.

TIP ③ 해양수산부장관은 제1항에 따른 지구별수협의 설립인가 신청을 받은 날부터 60일 이내에 인가 여부를 신청인에게 통지하여야 한다〈수산업협동조합법 제16조 제4항〉.
　　①② 수산업협동조합법 제16조 제1항
　　④ 수산업협동조합법 제16조 제2항

3 다음은 지구별 수협설립을 할 수 없는 경우를 나열한 것이다. 옳지 않은 것은?

① 설립인가기준에 미달된 경우　　　　② 설립인가의 신청이 늦은 경우
③ 사업계획서의 내용이 법령을 위반한 경우　　④ 설립인가 구비서류를 갖추지 못한 경우

TIP 해양수산부장관이 지구별수협의 설립인가를 할 수 없는 경우〈수산업협동조합법 제16조 제3항〉
　　㉠ 설립인가 구비서류를 갖추지 못한 경우
　　㉡ 설립의 절차, 정관 및 사업계획서의 내용이 법령을 위반한 경우
　　㉢ 설립인가기준에 미달된 경우

Answer　19.② 20.① / 1.④ 2.③ 3.②

4 다음 중 조합의 설립인가 기준으로 옳지 않은 것은?

① 지구별수협은 조합원 자격이 있는 설립동의자의 수가 구역에 거주하는 조합원 자격자의 과반수로 서 최소한 300명 이상일 것
② 지구별수협은 조합원 자격이 있는 설립동의자의 출자금납입확약총액이 3억 원 이상일 것
③ 업종별수협은 조합원 자격이 있는 설립동의자의 수가 구역에 거주하는 조합원 자격자의 과반수일 것
④ 업종별수협은 조합원 자격이 있는 설립동의자의 출자금납입확약총액이 2억 원 이상일 것

TIP 조합의 설립인가 기준〈수산업협동조합법 시행령 제12조〉
ⓐ **지구별수협**
- 조합원 자격이 있는 설립동의자(합병 또는 분할에 따른 설립의 경우에는 "조합원"을 말한다)의 수가 구역 에 거주하는 조합원 자격자의 과반수로서 최소한 200명 이상일 것
- 조합원 자격이 있는 설립동의자의 출자금납입확약총액(합병 또는 분할에 따른 설립의 경우에는 출자금총 액을 말한다)이 3억 원 이상일 것
ⓑ **업종별수협 및 수산물가공수협**
- 조합원 자격이 있는 설립동의자의 수가 구역에 거주하는 조합원 자격자의 과반수일 것
- 조합원 자격이 있는 설립동의자의 출자금납입확약총액이 2억 원 이상일 것

5 다음 중 조합의 설립인가신청서를 제출할 때 첨부해야 할 서류로 옳지 않은 것은?

① 조합가입에 동의한 사람의 동의서
② 창립총회의 투표록
③ 해당 조합이 설립인가 기준에 적합함을 증명하는 서류
④ 창립총회의 의사록

TIP 해양수산부장관에게 설립인가신청서를 제출할 때 첨부해야 할 서류〈수산업협동조합법 시행령 제13조〉
ⓐ 정관
ⓑ 처음 연도 및 다음 연도의 사업계획서와 수지예산서
ⓒ 창립총회의 의사록
ⓓ 임원 명부
ⓔ 해당 조합이 설립인가 기준에 적합함을 증명하는 서류
ⓕ 합병 또는 분할을 의결한 총회 의사록 또는 조합원 투표록(수산물가공수협의 경우는 제외하며, 의사록 및 투표록에는 신설되는 조합이 승계하여야 할 권리·의무의 범위가 적혀 있어야 한다)
ⓖ 조합구역의 어업자 또는 수산물가공업자의 명단과 조합가입에 동의한 사람의 동의서 및 그 실태조서(성 명, 주소·거소 또는 사업장 소재지, 어업 또는 수산물가공업의 종류, 어업의 기간 또는 가공 기간, 어획 량 또는 제품 생산량, 보유 선박 수·톤수 또는 시설 규모 및 종사자 수를 적어야 한다)

6 다음 중 지구별 수협정관에 포함되어야 할 사항을 모두 고르면?

> ㉠ 조합원의 자격·가입·탈퇴 및 제명에 관한 사항
>
> ㉡ 우선출자에 관한 사항
>
> ㉢ 경비 및 과태금의 부과·징수에 관한 사항
>
> ㉣ 적립금의 종류와 적립 방법에 관한 사항
>
> ㉤ 회계연도와 회계에 관한 사항
>
> ㉥ 공고의 방법에 관한 사항

① ㉠㉡㉢㉣㉤　　　　　　　　　　② ㉠㉢㉣㉤㉥

③ ㉡㉢㉣㉤㉥　　　　　　　　　　④ ㉠㉡㉢㉣㉤㉥

TIP 지구별 수협정관에 포함되어야 할 사항〈수산업협동조합법 제17조〉
　㉠ 목적
　㉡ 명칭
　㉢ 구역
　㉣ 주된 사무소의 소재지
　㉤ 조합원의 자격·가입·탈퇴 및 제명에 관한 사항
　㉥ 출자 1계좌의 금액과 조합원의 출자계좌 수 한도 및 납입 방법과 지분 계산에 관한 사항
　㉦ 우선출자에 관한 사항
　㉧ 경비 및 과태금의 부과·징수에 관한 사항
　㉨ 적립금의 종류와 적립 방법에 관한 사항
　㉩ 잉여금의 처분과 손실금의 처리 방법에 관한 사항
　㉪ 회계연도와 회계에 관한 사항
　㉫ 사업의 종류와 그 집행에 관한 사항
　㉬ 총회 및 그 밖의 의결기관과 임원의 정수·선출 및 해임에 관한 사항
　㉭ 간부직원의 임면에 관한 사항
　㉮ 공고의 방법에 관한 사항
　㉯ 존립시기 또는 해산의 사유를 정한 경우에는 그 시기 또는 사유
　㉰ 설립 후 현물출자를 약정한 경우에는 그 출자 재산의 명칭·수량·가격 및 출자자의 성명·주소와 현금출자로의 전환 및 환매특약 조건
　㉱ 설립 후 양수하기로 약정한 재산이 있는 경우에는 그 재산의 명칭·수량·가격과 양도인의 성명·주소

Answer　4.① 5.② 6.④

7 다음 중 지구별수협의 성립 및 사무인계에 대한 설명으로 옳은 것은?

① 발기인은 설립인가를 받으면 지체 없이 그 사무를 조합장에게 인계하여야 한다.

② 조합원이 되려는 자에게 3개월 이내에 출자금 전액을 납입하게 해야 한다.

③ 현물출자자는 권리이전에 필요한 서류를 갖추어 시장·군수·구청장에게 제출하여야 한다.

④ 지구별수협은 주된 사무소의 소재지에서 이전등기를 함으로써 성립한다.

TIP ② 조합장은 사무를 인수하면 정관으로 정하는 기일 이내에 조합원이 되려는 자에게 출자금 전액을 납입하게
하여야 한다〈수산업협동조합법 제18조 제2항〉.
③ 현물출자자는 납입기일 이내에 출자 목적인 재산을 인도하고 등기·등록 및 그 밖의 권리 이전에 필요한
서류를 갖추어 지구별수협에 제출하여야 한다〈수산업협동조합법 제18조 제3항〉.
④ 지구별수협은 주된 사무소의 소재지에서 설립등기를 함으로써 성립한다〈수산업협동조합법 제19조 제1항〉.
① 수산업협동조합법 제18조 제1항

1 다음 중 지구별수협 조합원의 자격으로 옳지 않은 것은?

① 조합원은 지구별수협의 구역에 주소·거소 또는 사업장이 있는 어업인이어야 한다.

② 지구별수협의 조합원의 자격요건인 어업인의 범위는 대통령령으로 정한다.

③ 법인은 지구별수협의 조합원이 될 수 없다.

④ 어업인의 범위는 1년 중 60일 이상 어업을 경영하거나 이에 종사하는 사람이어야 한다.

TIP ③ 영어조합법인과 어업회사법인으로서 그 주된 사무소를 지구별수협의 구역에 두고 어업을 경영하는 법인은 지구별수협의 조합원이 될 수 있다〈수산업협동조합법 제20조 제2항〉.
① 수산업협동조합법 제20조 제1항
② 수산업협동조합법 제20조 제3항
④ 수산업협동조합법 시행령 제14조

※ 사업장 외의 지역에 주소 또는 거소만이 있는 어업인이 그 외의 사업장 소재지를 구역으로 하는 지구별수협의 조합원이 되는 경우에는 주소 또는 거소를 구역으로 하는 지구별수협의 조합원이 될 수 없다〈수산업협동조합법 제20조 제1항〉.

2 지구별수협의 준조합원에 대한 설명으로 옳지 않은 것은?

① 준조합원은 지구별수협의 사업을 이용할 권리는 있으나 탈퇴할 경우에는 가입금환급을 청구할 수 없다.

② 지구별수협의 구역에 주소를 둔 어업인이 구성원이 된 해양수산 관련 단체는 준조합원이 될 수 있다.

③ 지구별수협은 준조합원에 대하여 가입금과 경비를 부담하게 할 수 있다.

④ 지구별수협의 사업을 이용하는 것이 적당하다고 인정되는 자는 준조합원이 될 수 있다.

TIP ① 준조합원은 정관으로 정하는 바에 따라 지구별수협의 사업을 이용할 권리 및 탈퇴 시 가입금의 환급을 청구할 권리를 가진다〈수산업협동조합법 제21조 제3항〉.
② 수산업협동조합법 제21조 제1항 제1호
③ 수산업협동조합법 제21조 제2항
④ 수산업협동조합법 제21조 제1항 제2호

Answer 7.① / 1.③ 2.①

3 지구별수협 조합원출자에 대한 설명으로 옳지 않은 것은?

① 조합원은 정관으로 정하는 계좌 수 이상을 출자하여야 한다.

② 출자 1계좌의 금액은 균일하게 정하여야 한다.

③ 지구별수협은 조합원의 출자액에 대한 배당 금액을 조합원으로 하여금 출자하게 할 수 있다.

④ 지구별수협은 중앙회 및 다른 조합을 대상으로 우선출자를 하게 할 수 있다.

TIP ④ 지구별수협은 중앙회 및 다른 조합을 대상으로 우선출자를 하게 할 수 없다〈수산업협동조합법 제22조의2 제2항〉.

※ **출자**〈수산업협동조합법 제22조〉
  ㉠ 조합원은 정관으로 정하는 계좌 수 이상을 출자하여야 한다.
  ㉡ 출자 1계좌의 금액은 균일하게 정하여야 한다.
  ㉢ 출자 1계좌의 금액 및 조합원 1인의 출자계좌 수의 한도는 정관으로 정한다.
  ㉣ 조합원의 출자금은 질권의 목적이 될 수 없다.
  ㉤ 조합원은 지구별수협에 대한 채권과 출자금 납입을 상계할 수 없다.

※ **출자배당금의 출자전환 및 회전출자**
  ㉠ **출자배당금의 출자전환** : 지구별수협은 정관으로 정하는 바에 따라 조합원의 출자액에 대한 배당 금액의 전부 또는 일부를 그 조합원으로 하여금 출자하게 할 수 있다. 이 경우 그 조합원은 배당받을 금액을 지구별수협에 대한 채무와 상계할 수 없다〈수산업협동조합법 제22조의3〉.
  ㉡ **회전출자** : 지구별수협은 출자 외에 정관으로 정하는 바에 따라 그 사업의 이용 실적에 따라 조합원에게 배당할 금액의 전부 또는 일부를 그 조합원에게 출자하게 할 수 있다. 이 경우 제22조제5항을 준용한다〈수산업협동조합법 제23조〉.

4 지구별수협지분의 양도·양수에 대한 설명으로 옳지 않은 것은?

① 조합원의 지분은 공유할 수 없다.

② 조합원이 아닌 자가 지분을 양수할 때에는 조합원 가입에 관한 규정에 따라야 한다.

③ 조합원은 조합장의 승인을 받은 후 지구별수협의 지분을 양도해야 한다.

④ 지분의 양수인은 지분에 관하여 양도인의 권리와 의무를 승계한다.

TIP 지분의 양도·양수와 공유 금지〈수산업협동조합법 제24조〉
  ㉠ 조합원은 이사회의 승인 없이 그 지분을 양도할 수 없다.
  ㉡ 조합원이 아닌 자가 지분을 양수할 때에는 이 법 또는 정관에서 정하고 있는 가입 신청, 자격 심사 등 조합원 가입에 관한 규정에 따른다.
  ㉢ 지분의 양수인은 그 지분에 관하여 양도인의 권리·의무를 승계한다.
  ㉣ 조합원의 지분은 공유할 수 없다.

5 지구별수협 조합원의 책임으로 옳지 않는 것은?

① 지구별수협의 운영과정에 성실히 참여해야 한다.

② 생산한 수산물을 지구별수협을 통하여 출하해야 한다.

③ 조합원의 책임의 한도는 정관으로 정한다.

④ 지구별수협의 사업을 성실히 이용해야 한다.

TIP 조합원의 책임〈수산업협동조합법 제25조〉
 ㉠ 조합원의 책임은 그 출자액을 한도로 한다.
 ㉡ 조합원은 지구별수협의 운영 과정에 성실히 참여하여야 하며, 생산한 수산물을 지구별수협을 통하여 출하하는 등 그 사업을 성실히 이용하여야 한다.

6 지구별수협의 조합원에 부과할 수 있는 것으로 옳지 않은 것은?

① 경비   ② 과태금

③ 수수료   ④ 회원회비

TIP 경비와 과태금 등의 부과〈수산업협동조합법 제26조〉
 ㉠ 지구별수협은 정관으로 정하는 바에 따라 조합원에게 경비와 과태금을 부과할 수 있다.
 ㉡ 지구별수협은 정관으로 정하는 바에 따라 사용료나 수수료를 징수할 수 있다.
 ㉢ 조합원은 경비와 과태금 및 사용료 또는 수수료를 납부할 때 지구별수협에 대한 채권과 상계할 수 없다.

7 지구별수협의 조합원의 의결권 및 선거권에 대한 설명으로 옳지 않은 것은?

① 조합원은 출자금의 많고 적음에 따라 의결권 및 선거권을 가진다.

② 선거권은 대의원의 임기 만료일 전 180일까지 해당 조합원으로 가입한 자만 행사할 수 있다

③ 대리인이 의결권을 행사할 경우 그 조합원이 출석한 것으로 본다.

④ 대리권을 증명하는 서면을 대리인이 지구별수협에 제출하여야 한다.

TIP ①② 조합원은 출자금의 많고 적음과 관계없이 평등한 의결권 및 선거권을 가진다. 이 경우 선거권은 임원 또는 대의원의 임기 만료일(보궐선거 등의 경우에는 그 선거 실시 사유가 확정된 날) 전 180일까지 해당 조합의 조합원으로 가입한 자만 행사할 수 있다〈수산업협동조합법 제27조〉.
 ③ 수산업협동조합법 제28조 제1항
 ④ 수산업협동조합법 제28조 제3항

Answer   3.④ 4.③ 5.③ 6.④ 7.①

8 의결권 대리인이 될 수 없는 사람은?

① 본인과 동거하는 가족
② 지구별수협의 구역에 주소를 둔 어업인
③ 다른 조합원
④ 법인의 경우에는 조합원·사원 등 그 구성원

TIP 의결권의 대리인이 될 수 있는 자〈수산업협동조합법 제28조 제2항〉
    ㉠ 다른 조합원
    ㉡ 본인과 동거하는 가족
    ㉢ 법인의 경우에는 조합원·사원 등 그 구성원
    ※ 대리인은 조합원 1인만을 대리할 수 있다.

9 조합원가입에 대한 설명이다. 옳지 않은 것은?

① 조합원의 상속인이 조합원 자격이 있는 경우에는 피상속인의 출자를 승계하여 조합원이 될 수 있다.
② 새로 조합원이 되려는 자는 중앙회에서 정하는 바에 따라 출자하여야 한다.
③ 조합에 가입하려는 자는 정관에서 정하는 조합원 자격을 증명하는 서류를 제출해야 한다.
④ 지구별수협은 정당한 사유 없이 조합원 자격을 갖추고 있는 자의 가입을 거절할 수 없다.

TIP ② 새로 조합원이 되려는 자는 정관으로 정하는 바에 따라 출자하여야 한다〈수산업협동조합법 제29조 제2항〉.
    ① 사망으로 인하여 탈퇴하게 된 조합원의 상속인(공동상속인 경우에는 공동상속인이 선정한 1명의 상속인을 말한다)이 조합원 자격이 있는 경우에는 피상속인의 출자를 승계하여 조합원이 될 수 있다〈수산업협동조합법 제30조 제1항〉.
    ③ 조합원의 자격을 가진 자가 조합에 가입하려는 경우에는 가입신청서에 조합원 자격을 증명하는 서류로서 국가 또는 지방자치단체에서 발급한 서류와 정관에서 정하는 조합원 자격을 증명하는 서류를 첨부하여 조합장에게 제출하여야 한다〈수산업협동조합법 시행규칙 제4조〉
    ④ 지구별수협은 정당한 사유 없이 조합원 자격을 갖추고 있는 자의 가입을 거절하거나 다른 조합원보다 불리한 가입 조건을 달 수 없다〈수산업협동조합법 제29조 제1항〉.
    ※ 조합원 가입〈수산업협동조합법 제29조〉
        ㉠ 지구별수협은 정당한 사유 없이 조합원 자격을 갖추고 있는 자의 가입을 거절하거나 다른 조합원보다 불리한 가입 조건을 달 수 없다.
        ㉡ 새로 조합원이 되려는 자는 정관으로 정하는 바에 따라 출자하여야 한다.
        ㉢ 지구별수협은 조합원의 수를 제한할 수 없다.

10 조합원이 당연탈퇴 해야 하는 경우로 옳지 않은 것은?

① 파산한 경우
② 성년후견개시의 심판을 받은 경우
③ 조합원인 법인이 해산한 경우
④ 조합원이 거주지를 옮긴 경우

TIP 조합원이 당연탈퇴 해야 하는 경우〈수산업협동조합법 제31조 제2항〉
　　㉠ 조합원의 자격이 없는 경우
　　㉡ 사망한 경우
　　㉢ 파산한 경우
　　㉣ 성년후견개시의 심판을 받은 경우
　　㉤ 조합원인 법인이 해산한 경우

11 조합원탈퇴에 대한 설명이다. 옳지 않은 것은?

① 조합원은 지구별수협 임원에게 탈퇴의사를 표명한 후 지구별수협을 탈퇴할 수 있다.
② 조합원이 조합원의 자격이 없는 경우에는 당연히 탈퇴한다.
③ 조합원의 자격여부는 이사회 의결로 결정한다.
④ 지구별수협은 조합원의 전부 또는 일부를 대상으로 당연탈퇴에 해당하는지를 확인하여야 한다.

TIP ① 조합원은 지구별수협에 탈퇴 의사를 서면으로 통지하고 지구별수협을 탈퇴할 수 있다〈수산업협동조합법 제31조 제1항〉
　　② 수산업협동조합법 제31조 제2항 제1호
　　③④ 수산업협동조합법 제31조 제3항
　　※ 지구별수협은 조합원의 자격이 없는 경우로 당연탈퇴의 결정이 이루어진 경우에는 그 사실을 지체 없이 해당 조합원에게 통보하여야 한다〈수산업협동조합법 제31조 제4항〉.

Answer 8.② 9.② 10.④ 11.①

12 지구별수협이 총회의 의결을 거쳐 조합원을 제명할 수 있는 경우로 옳지 않은 것은?

① 정관에서 정한 금지된 행위를 한 경우

② 출자 및 경비의 납입에 대한 의무를 이행하지 않은 경우

③ 3년 이상 지구별수협의 사업을 이용하지 않은 경우

④ 지구별수협에 대한 의무를 이행하지 않은 경우

TIP 지구별수협이 총회의 의결을 거쳐 조합원을 제명할 수 있는 경우〈수산업협동조합법 제32조 제1항〉
　　㉠ 1년 이상 지구별수협의 사업을 이용하지 아니한 경우
　　㉡ 출자 및 경비의 납입과 그 밖의 지구별수협에 대한 의무를 이행하지 아니한 경우
　　㉢ 정관에서 금지된 행위를 한 경우

13 조합원의 제명사유가 발생한 경우 제명사실을 알려야 하는 기한은?

① 총회 개회 5일 전　　　　　　　　② 총회 개회 7일 전

③ 총회 개회 10일 전　　　　　　　④ 총회 개회 15일 전

TIP 지구별수협은 조합원이 제명사유에 해당하면 총회 개회 10일 전에 그 조합원에게 제명의 사유를 알리고 총회
에서 의견을 진술할 기회를 주어야 한다〈수산업협동조합법 제32조 제2항〉.

14 지구별수협에서 탈퇴한 조합원이 지분환급을 청구할 수 있는 시점으로 옳은 것은?

① 탈퇴 당시부터　　　　　　　　　② 탈퇴한 회계연도의 다음 회계연도부터

③ 탈퇴 후 1년 이내부터　　　　　　④ 탈퇴한 회계연도의 직전 회계연도부터

TIP 탈퇴 및 제명된 조합원은 탈퇴 당시 회계연도의 다음 회계연도부터 정관으로 정하는 바에 따라 그 지분의 환
급을 청구할 수 있다〈수산업협동조합법 제33조 제1항〉.

15 지분환급청구권에 대한 설명으로 옳지 않은 것은?

① 지분환급의 청구는 정관으로 정하는 바에 따라 할 수 있다.

② 지분은 탈퇴한 회계연도 말의 지구별수협의 자산과 부채에 따라 정한다.

③ 지분환급청구권의 소멸시효는 3년이다.

④ 탈퇴 조합원이 지구별수협에 대한 채무를 완납할 때까지 지분환급의 정지를 할 수 있다.

TIP ③ 지분환급청구권은 2년간 행사하지 아니하면 시효로 인하여 소멸된다〈수산업협동조합법 제33조 제3항〉.
　　① 수산업협동조합법 제33조 제1항
　　② 수산업협동조합법 제33조 제2항
　　④ 수산업협동조합법 제33조 제4항

16 지구별수협의 재산으로 채무를 다 갚지 못할 경우 탈퇴 조합원에게 청구할 수 있는 것은?

① 탈퇴 조합원의 지분추가납입

② 탈퇴 조합원이 부담하여야 할 손실액의 납입

③ 다른 조합원의 손실부담금

④ 탈퇴 조합원의 자산압류

TIP 지구별수협은 지구별수협의 재산으로 그 채무를 다 갚을 수 없는 경우에는 지분의 환급분을 계산할 때 정관으로 정하는 바에 따라 탈퇴 조합원이 부담하여야 할 손실액의 납입을 청구할 수 있다〈수산업협동조합법 제34조〉.

17 다음은 의결취소의 청구에 대한 법조항으로 ( ) 안에 알맞은 것은?

> 조합원은 해양수산부장관에게 의결이나 선거에 따른 당선의 취소 또는 무효 확인을 청구할 때에는 의결일 또는 선거일부터 1개월 이내에 조합원 ( ) 이상의 동의를 받아 청구하여야 한다.

① 10분의 1
② 10분의 2
③ 10분의 3
④ 10분의 4

TIP 의결취소의 청구〈수산업협동조합법 제35조〉
  ㉠ 조합원은 총회(창립총회를 포함한다)의 소집 절차, 의결 방법, 의결 내용 또는 임원(대의원을 포함한다)의 선거가 법령, 법령에 따른 처분 또는 정관을 위반한 것을 사유로 하여 그 의결이나 선거에 따른 당선의 취소 또는 무효 확인을 해양수산부장관에게 청구하거나 이를 청구하는 소를 제기할 수 있다.
  ㉡ 조합원은 해양수산부장관에게 의결이나 선거에 따른 당선의 취소 또는 무효 확인을 청구할 때에는 의결일 또는 선거일부터 1개월 이내에 조합원 10분의 1 이상의 동의를 받아 청구하여야 한다. 이 경우 해양수산부장관은 그 청구서를 받은 날부터 3개월 이내에 처리 결과를 청구인에게 알려야 한다.

18 다음은 의결취소 청구 시 제출해야 할 서류로 옳지 않은 것은?

① 총회의사록
② 선거록 사본
③ 사실관계증명서류
④ 조합원 명부

TIP 총회(창립총회를 포함한다)의 의결이나 선거에 따른 당선의 취소 또는 무효확인을 청구하려는 조합원 또는 회원은 청구의 취지·이유 및 위반되었다고 주장하는 규정을 분명히 밝힌 취소청구서 또는 무효확인청구서에 총회의사록 또는 선거록 사본 및 사실관계를 증명할 수 있는 서류를 첨부하여 해양수산부장관에게 제출하여야 한다〈수산업협동조합법 시행규칙 제5조〉.

1 다음은 총회에 대한 설명으로 옳지 않은 것은?

① 총회는 지구별수협에 둔다.

② 총회는 조합원으로 구성한다.

③ 정기총회는 회계연도 경과 후 3개월 이내에 조합장이 매년 1회 소집한다.

④ 임시총회는 조합원의 요구가 있을 때 조합장이 소집할 수 있다.

TIP 총회〈수산업협동조합법 제36조〉
 ㉠ 지구별수협에 총회를 둔다.
 ㉡ 총회는 조합원으로 구성한다.
 ㉢ 정기총회는 회계연도 경과 후 3개월 이내에 조합장이 매년 1회 소집할 수 있다.
 ㉣ 임시총회는 조합장이 필요하다고 인정할 때 소집할 수 있다.

2 다음 중 총회의 의결을 거쳐야 하는 사항으로 옳지 않은 것은?

① 법정적립금의 사용   ② 정관의 변경

③ 주된 사무소의 소재지   ④ 임원의 선출 및 해임

TIP 총회의 의결을 거쳐야 하는 사항〈수산업협동조합법 제37조〉
 ㉠ 정관의 변경
 ㉡ 해산·합병 또는 분할
 ㉢ 조합원의 제명
 ㉣ 임원의 선출 및 해임
 ㉤ 법정적립금의 사용
 ㉥ 사업계획의 수립, 수지예산의 편성, 사업계획 및 수지예산 중 정관으로 정하는 중요한 사항의 변경
 ㉦ 차입금의 최고 한도
 ㉧ 사업보고서, 재무상태표 및 손익계산서와 잉여금처분안 또는 손실금처리안
 ㉨ 사업계획 및 수지예산으로 정한 것 외에 새로 의무를 부담하거나 권리를 상실하는 행위. 다만, 정관으로 정하는 행위는 제외한다.
 ㉩ 어업권·양식업권의 취득·처분 또는 이에 관한 물권의 설정. 다만, 정관으로 정하는 행위는 제외한다.
 ㉪ 중앙회의 설립 발기인이 되거나 이에 가입 또는 탈퇴하는 것
 ㉫ 그 밖에 조합장이나 이사회가 필요하다고 인정하는 사항
 ※ 정관의 변경과 해산·합병 또는 분할의 사항은 해양수산부장관의 인가를 받지 아니하면 효력이 발생하지 아니한다. 다만, 정관의 변경을 해양수산부장관이 정하는 정관 예에 따라 변경하는 경우에는 그러하지 아니하다〈수산업협동조합법 제37조 제2항〉.

Answer 17.① 18.④ / 1.④ 2.③

3 수산업협동조합법령상 해양수산부장관에게 정관변경의 인가를 받아야 하는 기관이 아닌 곳은?

① 중앙회   ② 어촌계
③ 수협은행   ④ 조합공동사업법인

TIP 정관변경 등의 인가신청〈수산업협동조합법 시행규칙 제6조〉
  ㉠ 조합공동사업법인이 정관의 변경 또는 조합등의 해산·합병·분할의 인가를 받으려는 경우에는 인가신청서에 정관의 변경 또는 조합등의 해산·합병·분할을 의결한 총회의사록을 첨부하여 해양수산부장관에게 제출하여야 한다.
  ㉡ 중앙회가 정관변경의 인가를 받으려는 경우에는 인가신청서에 정관의 변경을 의결한 총회의사록을 첨부하여 해양수산부장관에게 제출하여야 한다.
  ㉢ 수협은행이 정관변경의 인가를 받으려는 경우에는 인가신청서에 정관의 변경을 의결한 총회의사록을 첨부하여 해양수산부장관에게 제출하여야 한다.

4 다음은 총회소집청구에 대한 설명이다. 옳지 않은 것은?

① 조합원 5분의 1 이상의 동의를 받아 조합원이 조합장에게 총회소집을 청구할 수 있다
② 총회소집청구를 받은 조합장은 3주 이내에 총회를 소집해야 한다.
③ 조합장이 총회를 소집하지 않을 때에는 감사가 5일 이내에 총회를 소집해야 한다
④ 감사가 총회를 소집하지 않을 때에는 총회소집을 청구한 조합원의 대표가 총회를 소집한다.

TIP 총회의 소집청구〈수산업협동조합법 제38조〉
  ㉠ 조합원은 조합원 5분의 1 이상의 동의를 받아 소집의 목적과 이유를 서면에 적어 조합장에게 제출하고 총회의 소집을 청구할 수 있다.
  ㉡ 조합장은 ㉠에 따른 청구를 받으면 2주 이내에 총회를 소집하여야 한다.
  ㉢ 총회를 소집할 사람이 없거나 조합장이 제2항에 따른 기간 이내에 정당한 사유 없이 총회를 소집하지 아니할 때에는 감사가 5일 이내에 총회를 소집하여야 한다. 이 경우 감사가 의장의 직무를 수행한다.
  ㉣ 감사가 기간 이내에 총회를 소집하지 아니할 때에는 소집을 청구한 조합원의 대표가 총회를 소집한다. 이 경우 조합원의 대표가 의장의 직무를 수행한다.

5 지구별수협이 조합원에게 총회소집통지서를 발송해야 하는 기한은?

① 총회 개회 7일 전   ② 총회 개회 10일 전

③ 총회 개회 15일 전   ④ 총회 개회 30일 전

TIP 총회를 소집하려면 총회 개회 7일 전까지 회의목적 등을 적은 총회소집통지서를 조합원에게 발송하여야 한다. 다만, 같은 목적으로 총회를 다시 소집할 때에는 개회 전날까지 통지한다〈수산업협동조합법 제39조 제2항〉.

※ 지구별수협이 조합원에게 통지 또는 독촉을 할 때에는 조합원 명부에 기재된 조합원의 주소 또는 거소나 조합원이 지구별수협에 통지한 연락처로 하여야 한다〈수산업협동조합법 제39조 제1항〉.

6 지구별수협 총회에서 구성원의 출석과 의결에 대한 기본요건으로 옳은 것은?

① 구성원 3분의 1 출석, 출석구성원 과반수 찬성

② 구성원 과반수 출석, 출석구성원 3분의 2 이상 찬성

③ 구성원 과반수 출석, 출석구성원 과반수 찬성

④ 구성원 3분의 2 출석, 출석구성원 과반수 찬성

TIP 총회의 개의와 의결 … 총회는 수산업협동조합법에 다른 규정이 있는 경우를 제외하고는 구성원 과반수의 출석으로 개의하고 출석구성원 과반수의 찬성으로 의결한다〈수산업협동조합법 제40조〉.

7 총회에서 긴급한 사항에 대한 의결을 위한 요건으로 옳은 것은?

① 구성원 과반수 출석, 출석구성원 3분의 2 이상 찬성

② 구성원 과반수 출석, 출석구성원 과반수 찬성

③ 구성원 3분의 2 출석, 출석구성원 3분의 2 이상 찬성

④ 구성원 3분의 2 출석, 출석구성원 과반수 찬성

TIP 총회에서는 총회소집을 통지한 사항에 대하여만 의결할 수 있다. 다만, 정관의 변경, 해산·합병 또는 분할, 조합원의 제명, 임원의 선출 및 해임의 사항을 제외한 긴급한 사항으로서 구성원 과반수의 출석과 출석구성원 3분의 2 이상의 찬성이 있을 때에는 그러하지 아니하다〈수산업협동조합법 제41조 제1항〉.

Answer   3.② 4.② 5.① 6.③ 7.①

8 다음에 해당되는 안건에 대한 의결요건은?

> ㉠ 정관의 변경
> ㉡ 해산·합병 또는 분할
> ㉢ 조합원의 제명
> ㉣ 중앙회의 설립 발기인이 되거나 이에 가입 또는 탈퇴하는 것

① 구성원 3분의 2 이상의 출석과 출석구성원 3분의 2 이상의 찬성으로 의결한다.
② 구성원 과반수의 출석과 출석구성원 과반수의 찬성으로 의결한다.
③ 구성원 3분의 2 이상의 출석과 출석구성원 과반수의 찬성으로 의결한다.
④ 구성원 과반수의 출석과 출석구성원 3분의 2 이상의 찬성으로 의결한다.

TIP ㉠㉡㉢㉣은 구성원 과반수의 출석과 출석구성원 3분의 2 이상의 찬성으로 의결한다〈수산업협동조합법 제40조〉.

9 다음은 수산업협동조합법령상 의결권의 제한에 관한 법조항이다. ( ) 안에 알맞은 것을 고르면?

> ㉠ 조합원은 조합원 (   ) 이상의 동의를 받아 총회 개회 (   ) 전까지 조합장에게 조합원제안을 할 수 있다.
> ㉡ 이 경우 조합원제안 내용이 법령 또는 정관을 위반하는 경우를 제외하고는 이를 총회의 목적사항으로 하여야 하고, 조합원제안을 한 사람이 청구하면 총회에서 그 제안을 설명할 기회를 주어야 한다.

① 10분의 1, 11일   ② 10분의 2, 20일
③ 10분의 1, 30일   ④ 10분의 2, 50일

TIP 조합원은 조합원 10분의 1 이상의 동의를 받아 총회 개회 30일 전까지 조합장에게 조합원제안할 수 있다. 이 경우 조합원제안 내용이 법령 또는 정관을 위반하는 경우를 제외하고는 이를 총회의 목적사항으로 하여야 하고, 조합원제안을 한 사람이 청구하면 총회에서 그 제안을 설명할 기회를 주어야 한다〈수산업협동조합법 제41조 제3항〉.

※ 조합원제안 … 조합장에게 서면으로 일정한 사항을 총회의 목적 사항으로 할 것을 제안하는 것을 말한다〈수산업협동조합법 제41조 제3항〉.

10 총회의 의사록에 대한 설명으로 옳지 않은 것은?

① 의사록은 총회의 의사에 관하여 작성한다.

② 의장과 총회에서 선출한 조합원 5인 이상이 기명날인해야 한다.

③ 의사록에는 의사의 진행상황 및 결과를 기록해야 한다.

④ 조합장은 의사록을 주된 사무소에 갖추어 두어야 한다.

TIP ②③ 의사록에는 의사의 진행상황 및 그 결과를 기록하고 의장과 총회에서 선출한 조합원 3인 이상이 기명날인하거나 서명하여야 한다〈수산업협동조합법 제42조 제2항〉.
　① 수산업협동조합법 제42조 제1항
　④ 수산업협동조합법 제42조 제3항

11 총회의결의 특례에 있어서 다음에 해당하는 경우에는 조합원의 투표로 총회의 의결을 갈음할 수 있다. 이 때 조합원 투표의 의결요건으로 옳은 것은?

> ㉠ 해산 · 합병 또는 분할
> ㉡ 조합장 선출 방식에 관한 정관의 변경

① 조합원 과반수의 투표와 투표한 조합원 과반수의 찬성

② 조합원 과반수의 투표와 투표한 조합원 3분의 2 이상의 찬성

③ 조합원 3분의 2의 투표와 투표한 조합원 과반수의 찬성

④ 조합원 3분의 2의 투표와 투표한 조합원 3분의 2 이상의 찬성

TIP ㉠㉡에 대한 조합원투표는 조합원 과반수의 투표와 투표한 조합원 3분의 2 이상의 찬성을 얻어야 한다〈수산업협동조합법 제43조 제2항〉.

12 수산업협동조합법령상 대의원에 대한 설명으로 옳지 않은 것은?

① 대의원은 다른 조합의 임직원을 겸직할 수 없다.

② 조합원이어야 대의원을 할 수 있다.

③ 대의원의 의결권은 대리인이 행사할 수 없다.

④ 대의원의 임기는 3년이고 연임할 수 있다.

TIP 지구별수협의 대의원〈수산업협동조합법 제44조〉

　　㉠ 대의원은 조합원(법인인 경우에는 그 대표자를 말한다)이어야 한다.

　　㉡ 대의원의 정수 및 선출 방법은 정관으로 정한다.

　　㉢ 대의원의 임기는 2년으로 한다. 다만, 임기 만료 연도 결산기의 마지막 달 이후 그 결산기에 관한 정기총회 전에 임기가 만료된 경우에는 정기총회가 끝날 때까지 그 임기가 연장된다.

　　㉣ 대의원은 해당 지구별수협의 조합장을 제외한 임직원과 다른 조합(다른 법률에 따른 협동조합을 포함한다)의 임직원을 겸직하여서는 아니 된다.

13 다음 중 대의원회에 대한 설명으로 옳지 않은 것은?

① 대의원회는 조합장과 조합원으로 구성한다.

② 대의원회에 대하여는 총회에 관한 규정을 준용한다.

③ 총회의 의결에 관하여 총회를 갈음하는 대의원회를 둘 수 있다.

④ 지구별수협의 정관으로 정하는 바에 따라 대의원회를 둘 수 있다.

TIP 대의원회〈수산업협동조합법 제44조〉

　　㉠ 지구별수협은 정관으로 정하는 바에 따라 해산·합병 또는 분할과 조합장 선출방식에 관한 정관의 변경 외의 사항에 대한 총회의 의결에 관하여 총회를 갈음하는 대의원회를 둘 수 있다.

　　㉡ 대의원회는 조합장과 대의원으로 구성한다.

　　㉢ 대의원회에 대하여는 총회에 관한 규정을 준용한다.

14 지구별수협의 이사회에 대한 설명으로 틀린 것은?

① 간부직원은 이사회에 출석하여 의견을 진술할 수 있다

② 이사회는 조합장을 포함한 이사로 구성한다.

③ 의결에 참여하지 못하는 이사일지라도 이사회의 구성원 수에는 포함된다.

④ 이사회는 구성원 과반수의 출석으로 개의하고 출석구성원 과반수의 찬성으로 의결한다.

TIP ③ 이사회에서 의결할 때에는 해당 안건과 특별한 이해관계가 있는 이사회의 구성원은 그 안건의 의결에 참여할 수 없다. 이 경우 의결에 참여하지 못하는 이사 등은 이사회의 구성원 수에 포함되지 아니한다〈수산업협동조합법 제45조 제7항〉.

15 지구별수협의 이사회의 운영에 필요한 사항을 정하는 기준은?

① 대통령령

② 행양수산부령

③ 해당 지방자치단체의 조례

④ 지구별수협의 정관

TIP 이사회의 운영에 필요한 사항은 정관으로 정한다〈수산업협동조합법 제45조 제6항〉.

16 이사회의 의결사항으로 옳지 않은 것은?

① 조합원의 자격 및 가입에 관한 심사

② 조합장 또는 이사 3분의 2 이상이 필요하다고 인정하는 사항

③ 인사추천위원회 구성에 관한 사항

④ 부동산의 취득 · 처분 또는 이에 관한 물권의 설정

TIP 이사회의 의결사항〈수산업협동조합법 제45조 제3항〉

ㄱ 조합원의 자격 및 가입에 관한 심사

ㄴ 규약의 제정 · 변경 또는 폐지

ㄷ 업무 집행에 관한 기본방침의 결정

ㄹ 부동산의 취득 · 처분 또는 이에 관한 물권의 설정. 다만, 정관으로 정하는 행위는 제외한다.

ㅁ 경비의 부과 및 징수 방법

ㅂ 사업계획 및 수지예산 중 사업계획의 수립, 수지예산의 편성, 사업계획 및 수지예산 중 정관으로 정하는 중요한 사항의 변경 외의 경미한 사항의 변경

ㅅ 인사추천위원회 구성에 관한 사항

ㅇ 간부직원의 임면에 관한 사항

ㅈ 총회에서 위임한 사항

ㅊ 법령 또는 정관에 규정된 사항

ㅋ 조합장 또는 이사 5분의 1 이상이 필요하다고 인정하는 사항

Answer 12.④ 13.① 14.③ 15.④ 16.②

17 다음은 지구별수협 임원의 정수를 설명한 것이다. ( ) 안의 숫자를 모두 합하면?

지구별수협에 임원으로 조합장을 포함한 ( )명 이상 ( )명 이하의 이사와 ( )명의 감사를 둔다.

① 13명   ② 15명

③ 20명   ④ 25명

TIP 지구별수협에 임원으로 조합장을 포함한 7명 이상 11명 이하의 이사와 2명의 감사를 둔다〈수산업협동조합법 제46조 제1항〉.

※ 7명 + 11명 + 2명 = 20명

18 다음은 수산업협동조합법령상 임원구성에 대한 설명으로 옳지 않은 것은?

① 감사 2명은 대통령령으로 정하는 요건에 적합한 외부전문가 중에서 선출하여야 한다.

② 이사 중 2명 이내는 상임이사를 두어야 하고, 감사 중 1명을 상임으로 할 수 있다.

③ 정관으로 정하는 바에 따라 상임이사 외에 조합원이 아닌 1명을 이사로 둘 수 있다.

④ 지구별수협이 2년 연속하여 이행약정을 이행하지 못했을 경우에는 조합장은 비상임으로 한다.

TIP ①④ 2명의 감사 중 1명은 대통령령으로 정하는 요건에 적합한 외부전문가 중에서 선출하여야 하며, 이사의 정수와 조합장의 상임이나 비상임 여부는 정관으로 정한다. 다만, 경영정상화 이행약정을 체결한 지구별수협이 2년 연속하여 그 경영정상화 이행약정을 이행하지 못한 경우에는 해당 지구별수협의 조합장은 비상임으로 한다〈수산업협동조합법 제46조 제1항〉.

②③ 지구별수협은 이사 중 2명 이내의 상임이사를 두어야 하고, 상임이사 외에 조합원이 아닌 1명의 이사를 정관으로 정하는 바에 따라 둘 수 있으며, 감사 중 1명을 상임으로 할 수 있다〈수산업협동조합법 제46조 제2항〉.

19 지구별수협에 상임이사를 두지 않아도 되는 경우로 옳은 것은?

① 해당 지구별수협의 조합장이 비상임인 경우

② 직전 회계연도 말 자산 규모가 700억 원에 미달하는 경우

③ 조합장이 이사의 동의를 받은 경우

④ 신용사업을 수행하지 아니하는 경우

TIP 자산규모가 해양수산부령으로 정하는 기준에 미달하거나 신용사업을 수행하지 아니하는 경우에는 상임이사를 두지 아니할 수 있다〈수산업협동조합법 제46조 제2항〉.

※ 해양수산부령으로 정하는 기준이란 직전 회계연도 말 자산 규모 500억 원을 말한다〈수산업협동조합법 시행규칙 제8조〉.

20 지구별수협의 조합장선출방법으로 옳지 않은 것은?

① 조합장은 정관으로 정하는 바에 따라 조합원 중에서 선출한다.

② 대의원회의에서 추천한다.

③ 조합원이 총회 또는 총회 외에서 투표로 직접 선출한다.

④ 이사회가 이사회 구성원 중에서 선출한다.

TIP ② 조합장은 조합원(법인인 경우에는 그 대표자를 말한다) 중에서 정관으로 정하는 바에 따라 대의원회의에서 선출한다〈수산업협동조합법 제46조 제3항 제2호〉.
①③④ 수산업협동조합법 제46조 제3항

21 다음 중 지구별수협의 임원선출에 대한 설명으로 옳지 않은 것은?

① 조합장을 제외한 임원은 총회에서 선출한다.

② 여성조합원이 30% 이상인 지구별수협은 이사 중 1명 이상을 여성조합원으로 선출해야 한다.

③ 상임이사 외의 조합원이 아닌 이사는 인사추천위원회의 추천을 받지 않아도 된다.

④ 지구별수협의 임원 중 상임감사는 명예직으로 할 수 없다.

TIP ①③ 조합장 외의 임원은 총회에서 선출한다. 다만, 상임이사와 상임이사 외의 조합원이 아닌 이사는 조합 업무에 관한 전문지식과 경험이 풍부한 사람으로서 대통령령으로 정하는 요건을 충족하는 사람 중에서 인사추천위원회에서 추천한 사람을 총회에서 선출한다〈수산업협동조합법 제46조 제4항〉.
② 지구별수협은 이사 정수의 5분의 1 이상을 여성조합원에게 배분되도록 노력하여야 한다. 다만, 여성조합원이 전체 조합원의 100분의 30 이상인 지구별수협은 이사 중 1명 이상을 여성조합원 중에서 선출하여야 한다〈수산업협동조합법 제46조 제8항〉.
④ 조합장(상임인 경우에만 해당한다), 상임이사 및 상임감사를 제외한 지구별수협의 임원은 명예직으로 하되, 정관으로 정하는 바에 따라 실비변상을 받을 수 있다〈수산업협동조합법 제46조 제5항〉.

Answer 17.③ 18.① 19.④ 20.② 21.③

22 다음 중 지구별수협의 조합장 및 임원선거에 관한 설명 중 옳지 않은 것은?

① 인사추천위원회 구성과 운영에 관하여 필요한 사항은 정관으로 정한다.
② 지구별수협의 이사 또는 감사는 조합장선거에 입후보하려면 임기 중 그 직을 그만두어야 한다.
③ 지구별수협의 임원은 명예직으로 할 수 있다.
④ 조합장선거에 입후보하기 위하여 사직한 이사 또는 감사는 그 공석에 보궐선거로 입후보할 수 있다.

TIP ②④ 지구별수협의 조합장선거에 입후보하기 위하여 임기 중 그 직을 그만둔 지구별수협의 이사 또는 감사는 그 사직으로 인하여 공석이 된 이사 또는 감사의 보궐선거의 후보자가 될 수 없다〈수산업협동조합법 제46조 제6항〉.
　① 수산업협동조합법 제46조 제7항
　③ 수산업협동조합법 제46조 제5항

23 다음 중 지구별 수협임원의 명예직규정에 대한 설명으로 옳지 않은 것은?

① 상임이 아닌 조합장은 명예직으로 한다.　② 상임감사는 명예직으로 임명된다.
③ 상임이사는 명예직이 아닌 직책이다.　④ 명예직 임원은 실비변상을 받을 수 있다.

TIP ② 상임인 조합장과 상임이사 및 상임감사는 명예직이 아니다〈수산업협동조합법 제46조 제5항〉.

　※ 조합장(상임인 경우에만 해당한다), 상임이사 및 상임감사를 제외한 지구별수협의 임원은 명예직으로 하되, 정관으로 정하는 바에 따라 실비변상을 받을 수 있다〈수산업협동조합법 제46조 제5항〉.

24 지구별수협의 여성조합원 비율에 따른 이사선출규정을 설명한 것으로 옳은 것은?

① 여성조합원이 20% 이상이면 이사 중 1명을 여성으로 선출해야 한다.
② 여성조합원이 30% 이상이면 이사 중 1명 이상을 여성으로 선출해야 한다.
③ 이사정수의 30% 이상을 여성조합원에게 배분해야 한다.
④ 이사정수의 40% 이상을 여성조합원에게 배분해야 한다.

TIP 지구별수협은 이사 정수의 5분의 1 이상을 여성조합원에게 배분되도록 노력하여야 한다. 다만, 여성조합원이 전체 조합원의 100분의 30 이상인 지구별수협은 이사 중 1명 이상을 여성조합원 중에서 선출하여야 한다〈수산업협동조합법 제46조 제8항〉.

25 중앙회에서 파견하는 외부전문가인 감사의 자격요건으로 옳지 않은 사람은?

① 대학교수로 5년 이상 종사한 경력이 있는 수산업분야의 석사 이상의 학위를 소지한 사람

② 주권상장법인에서 회계 관련 업무에 임직원으로 5년 이상 종사한 경력이 있는 사람

③ 해당 조합에서 최근 2년 이내에 임직원으로 근무한 사람

④ 공공기관에서 회계 관련 업무에 5년 이상 종사한 경력이 있는 사람

TIP 중앙회에서 파견하는 외부전문가인 감사의 자격요건〈수산업협동조합법 시행령 제14조의2〉
- ㉠ 중앙회, 조합 또는 검사대상기관(이에 상당하는 외국금융기관을 포함한다)에서 5년 이상 종사한 경력이 있는 사람. 다만, 해당 조합에서 최근 2년 이내에 임직원으로 근무한 사람(감사로 근무 중이거나 근무한 사람은 제외한다)은 제외한다.
- ㉡ 수산업 또는 금융 관계 분야의 석사 이상의 학위를 소지한 사람으로서 연구기관 또는 대학에서 연구원 또는 조교수 이상의 직에 5년 이상 종사한 경력(학위 취득 전의 경력을 포함한다)이 있는 사람
- ㉢ 판사·검사·군법무관의 직에 5년 이상 종사하거나 변호사 또는 공인회계사로서 5년 이상 종사한 경력이 있는 사람
- ㉣ 주권상장법인에서 법률·재무·감사 또는 회계 관련 업무에 임직원으로 5년 이상 종사한 경력이 있는 사람
- ㉤ 국가, 지방자치단체, 공공기관 및 금융감독원에서 재무 또는 회계 관련 업무 및 이에 대한 감독업무에 5년 이상 종사한 경력이 있는 사람

26 다음 밑줄 친 ㉠에 해당하지 않는 사람은?

> 상임이사와 상임이사 외의 조합원이 아닌 이사는 조합 업무에 관한 전문지식과 경험이 풍부한 사람으로서 ㉠대통령령으로 정하는 요건을 충족하는 사람 중에서 인사추천위원회에서 추천한 사람을 총회에서 선출한다.
> — 「수산업협동조합법」 제46조 제4항 —

① 중앙회 또는 조합에서 상근 또는 비상근직으로 5년 이상 종사한 경력이 있는 사람

② 수산업과 관련된 상사회사에서 상근직으로 5년 이상 종사한 경력이 있는 사람

③ 수협은행에서 상근직으로 5년 이상 종사한 경력이 있는 사람

④ 수산업과 관련된 지방자치단체에서 상근직으로 5년 이상 종사한 경력이 있는 사람

TIP 상임이사와 조합원이 아닌 이사의 자격요건〈수산업협동조합법 시행령 제15조〉
- ㉠ 조합, 중앙회 또는 수협은행에서 상근직으로 5년 이상 종사한 경력이 있는 사람
- ㉡ 수산업과 관련된 국가기관, 지방자치단체, 공공기관에서 상근직으로 5년 이상 종사한 경력이 있는 사람
- ㉢ 은행에서 상근직으로 5년 이상 종사한 경력이 있는 사람
- ㉣ 수산업과 관련된 연구기관·교육기관 또는 상사회사에서 상근직으로 5년 이상 종사한 경력이 있는 사람

Answer 22.④ 23.② 24.② 25.③ 26.①

27 지구별수협의 외부전문가 감사선출에 대한 설명 중 옳지 않은 것은?

① 도서지역에 있는 조합은 중앙회에서 외부전문가 감사를 파견할 수 있다.

② 중앙회에서 외부전문가인 감사선출과 관련해 재정적 지원을 할 수 있다.

③ 조합의 직전 회계년도 말 자산 규모가 500억 원 미만인 경우 선출과 관련한 재정적 지원을 받을 수 있다.

④ 지구별수협이 영세한 경우에만 중앙회에서 외부전문가인 감사를 파견할 수 있다.

TIP ④ 외부전문가인 감사는 영세한 경우뿐만 아니라 도서지역에 있는 경우에도 중앙회에서 파견할 수 있다〈수산업협동조합법 제46조 제9항〉.

※ 감사선출에서 조합이 도서지역에 있거나 영세하여 부득이하게 외부전문가 감사를 선출할 수 없는 경우 등 대통령령으로 정하는 경우에는 중앙회에서 외부전문가인 감사를 파견하거나 감사선출과 관련한 재정적 지원을 할 수 있다〈수산업협동조합법 제46조 제9항〉.

28 지구별수협의 외부전문가 감사선출에 있어서 중앙회가 재정적 지원을 할 수 있는 경우는?

① 조합의 주된 사무소가 산간지역에 있는 경우

② 조합의 직전 회계연도 말 자산 규모가 600억 원 미만인 경우

③ 조합의 주된 사무소가 도서지역에 있는 경우

④ 조합 이사회의 요청이 있는 경우

TIP 중앙회가 조합의 감사선출 시 재정적 지원을 할 수 있는 경우〈수산업협동조합법 시행령 제15조의2〉
ⓐ 조합의 주된 사무소가 도서지역에 있는 경우
ⓑ 조합의 직전 회계연도 말 자산 규모가 500억 원 미만인 경우

29 다음 중 조합장이 비상임일 경우 업무를 집행할 수 있는 사람은?

① 상임이사
② 이사회의장
③ 총회의장
④ 감사

TIP 조합장은 지구별수협을 대표하며 업무를 집행한다. 다만, 조합장이 비상임일 경우에는 상임이사나 간부직원인 전무가 그 업무를 집행한다〈수산업협동조합법 제47조 제1항〉.

30 상임이사가 전담하여 처리하고 경영책임을 져야하는 업무로 옳은 것은?

① 부동산개발사업
② 해양수산부령으로 정하는 업무
③ 신용사업 및 공제사업
④ 경제사업

TIP ③ 신용사업 및 공제사업은 상임이사가 전담하여 처리한 후 경영책임을 져야 하는 업무이다〈수산업협동조합법 제47조 제3항 제1호〉.

31 적기시정조치를 받은 부실조합의 상임이사가 전담하여 처리하는 업무는?

① 신용사업
② 경제사업
③ 공제사업
④ 대부사업

TIP ② 경제사업은 부실조합으로서 해양수산부장관으로부터 적기시정조치를 받은 지구별수협의 경우에는 상임이사가 대통령령으로 정하는 바에 따라 그 지구별수협이 그 적기시정조치의 이행을 마칠 때까지 전담하여 처리하고 그에 대하여 경영책임을 져야 하는 업무이다〈수산업협동조합법 제47조 제4항 제1호〉.

32 조합장이 궐위 또는 구금되는 경우에 그 직무를 대행할 수 있는 사람은?

① 상임이사
② 총회 의장
③ 감사
④ 이사회가 정한 순서에 따른 이사

TIP 조합장이 궐위·구금되거나 의료기관에서 60일 이상 계속하여 입원한 경우 등 부득이한 사유로 직무를 수행할 수 없을 때에는 이사회가 정하는 순서에 따라 이사가 그 직무를 대행한다〈수산업협동조합법 제47조 제5항〉.

33 상임이사가 직무를 수행할 수 없을 때에 그 직무를 대행할 수 있는 자로 옳지 않은 사람은?

① 이사회가 정한 간부직원

② 해양수산부장관이 승인한 관리인

③ 총회의 의장

④ 상임이사가 선출될 때까지 중앙회가 파견한 관리인

TIP 상임이사가 궐위·구금·입원에 따른 사유로 그 직무를 수행할 수 없을 때에는 이사회가 정한 순서에 따라 간부직원이 그 직무를 대행한다. 다만, 상임이사의 궐위기간이 6개월을 초과하는 경우에는 중앙회는 해양수산부장관의 승인을 받아 관리인을 파견할 수 있으며 관리인은 상임이사가 선출될 때까지 그 직무를 수행한다〈수산업협동조합법 제47조 제6항〉.

34 감사가 지구별수협의 재산과 업무집행상황을 감사하여 보고해야 하는 대상은?

① 중앙회 회장

② 이사회

③ 조합장

④ 총회

TIP 감사는 지구별수협의 재산과 업무집행상황을 감사하여 총회에 보고하여야 하며, 전문적인 회계감사가 필요하다고 인정될 때에는 중앙회에 회계감사를 의뢰할 수 있다〈수산업협동조합법 제48조 제1항〉.

35 감사가 이사회의 소집을 요구할 수 있는 상황으로 옳은 것은?

① 조합장의 부정행위를 발견했을 때

② 회계감사가 필요하다고 판단했을 때

③ 감사결과 주요 지적사항이 발생했을 때

④ 이사회의 요청이 있을 때

TIP 감사는 자체감사 또는 중앙회 등 외부기관의 감사결과 주요 지적사항이 발생한 경우에는 조합장에게 이사회의 소집을 요구하여 이에 대한 시정권고를 할 수 있다〈수산업협동조합법 제48조 제3항〉.

36 감사에 대한 설명으로 옳지 않은 것은?

① 감사는 조합장에게 이사회의 소집을 요구하여 이에 대한 시정권고를 할 수 있다.

② 감사 후 부정한 사실이 발견하면 이사회에 신속히 보고해야 한다.

③ 지구별수협이 조합장을 포함한 이사와 계약을 할 때에는 감사가 지구별수협을 대표한다.

④ 전문적인 회계감사가 필요하다고 인정될 때에는 중앙회에 회계감사를 의뢰할 수 있다.

TIP ② 감사는 지구별수협의 재산상황 또는 업무집행에 관하여 부정한 사실을 발견하면 총회 및 중앙회 회장에게 보고하여야 한다〈수산업협동조합법 제48조 제2항〉.
① 수산업협동조합법 제48조 제3항
③ 수산업협동조합법 제49조 제1항
④ 수산업협동조합법 제48조 제1항

37 다음 중 조합장의 임기와 감사의 임기를 합한 연수로 옳은 것은?

① 4년   ② 5년

③ 6년   ④ 7년

TIP 조합장과 이사의 임기는 4년이고, 감사의 임기는 3년이다〈수산업협동조합법 제50조 제1항〉.
※ 조합장의 임기 4년 + 감사의 임기 3년 = 7년이다.

38 다음 중 임원의 임기에 대한 설명으로 옳지 않은 것은?

① 조합장은 한 번만 임기를 연임할 수 있다.

② 합병으로 설립되는 조합의 설립 당시 조합장의 임기는 설립등기일부터 2년으로 한다.

③ 임기가 만료된 경우에는 정기총회가 끝날 때까지 그 임기가 연장된다.

④ 변경등기일 현재 이사의 남은 임기가 2년 미만인 경우의 임기도 변경등기일부터 2년으로 한다.

TIP ① 비상임인 조합장은 한 번만 연임할 수 있고, 상임인 조합장은 두 번만 연임할 수 있다〈수산업협동조합법 제50조 제1항〉.
② 수산업협동조합법 제50조 제3항
③ 수산업협동조합법 제50조 제2항
④ 수산업협동조합법 제50조 제4항

Answer   33.③ 34.④ 35.③ 36.② 37.④ 38.①

39 다음 중 임원의 결격사유로 옳지 않은 것은?

① 징계면직의 처분을 받은 날부터 5년이 지나지 아니한 사람

② 금고 이상의 형을 선고받고 그 집행이 면제된 날부터 5년이 지나지 아니한 사람

③ 대한민국 국민이 아닌 사람

④ 법원의 판결에 따라 자격이 상실되거나 정지된 사람

TIP ② 금고 이상의 형을 선고받고 그 집행이 끝나거나(집행이 끝난 것으로 보는 경우를 포함한다) 집행이 면제된 날부터 3년이 지나지 아니한 사람이 임원의 결격사유에 해당한다〈수산업협동조합법 제51조 제1항 제5호〉.

40 지구별수협의 조합원이 아닌 인원의 결격사유로 옳지 않은 것은?

① 파산선고를 받고 복권되지 아니한 사람

② 선거일 공고일 현재 해당 지구별수협의 정관으로 정하는 일정규모 이상의 사업이용실적이 없는 사람

③ 18세의 대한민국 국민

④ 금고 이상의 형의 집행유예를 선고받고 그 유예기간 중에 있는 사람

TIP ② 지구별수협의 임원 중 조합원인 임원에게만 적용되는 결격사유이다〈수산업협동조합법 제51조 제1항 제13호〉.

41 다음은 임원결격사유를 설명한 것이다. 밑줄 친 ⊙에서 정하는 금융기관으로 옳지 않는 곳은?

> 선거일 공고일 현재 ⊙대통령령으로 정하는 금융기관에 대하여 정관으로 정하는 금액과 기간을 초과하여 채무상환을 연체하고 있는 사람은 임원의 결격사유에 해당한다.

① 상호저축은행과 그 중앙회　　　　　② 한국주택금융공사 및 중소기업협동조합

③ 기술보증기금 및 신용보증기금　　　④ 보험회사 및 자동차판매회사

TIP 임원결격사유에 해당하는 연체 대상 금융기관의 범위 … 한국수출입은행, 한국주택금융공사, 상호저축은행과 그 중앙회, 농업협동조합법과 그 중앙회 및 농협은행, 조합, 산림조합과 그 중앙회, 신용협동조합과 그 중앙회, 새마을금고와 그 중앙회, 보험회사, 여신전문금융회사, 기술보증기금 및 신용보증기금, 신용보증기금, 벤처투자회사 및 벤처투자조합, 중소기업협동조합, 신용보증재단과 그 중앙회를 말한다〈수산업협동조합법 시행령 제15조의3〉.

42 임시이사에 대한 설명으로 옳지 않은 것은?

① 임시이사는 조합장이 조합원이나 이해관계인의 청구에 의하여 임명한다.

② 임시이사는 이사결원에 따라 이사회개최가 어려워 업무지연에 따른 손해가 발생할 우려가 있을 때 임명한다.

③ 조합장은 임시이사가 취임한 날부터 1개월 이내에 총회를 소집하여 결원된 이사를 선출하여야 한다.

④ 임시이사는 이사가 취임할 때까지 그 직무를 수행한다.

(TIP) ①② 중앙회의 회장은 이사의 결원으로 지구별수협의 이사회를 개최할 수 없어 지구별수협의 업무가 지연되어 손해가 생길 우려가 있으면 조합원이나 이해관계인의 청구에 의하여 또는 직권으로 임시이사를 임명할 수 있다〈수산업협동조합법 제52조 제1항〉.
③ 수산업협동조합법 제52조 제2항
④ 수산업협동조합법 제52조 제3항

43 임원이나 대의원 선거에서 선거인이나 그 가족에게 금지하고 있는 행위로 옳지 않은 것은?

① 선거인의 가족에게 금전을 제공하는 행위

② 공사의 직을 제공하는 행위

③ 선거인의 지지도를 조사하는 행위

④ 재산상의 이익을 제공하겠다는 의사표시를 하는 행위

(TIP) 선거인이나 그 가족(선거인이나 그 가족이 설립 · 운영하고 있는 기관 · 단체 · 시설 포함)이 금지해야 하는 행위〈수산업협동조합법 제53조 제1항 제1호〉
㉠ 금전 · 물품 · 향응이나 그 밖의 재산상의 이익을 제공하는 행위
㉡ 공사의 직을 제공하는 행위
㉢ 금전 · 물품 · 향응, 그 밖의 재산상의 이익이나 공사의 직을 제공하겠다는 의사표시 또는 그 제공을 약속하는 행위
※ **가족** … 선거인의 배우자, 선거인 또는 그 배우자의 직계 존속 · 비속과 형제자매, 선거인의 직계 존속 · 비속 및 형제자매의 배우자를 말한다〈수산업협동조합법 제53조 제1항 제1호〉.

44 수산업협동조합법령상 선거운동을 위해 후보자에게 제한하고 있는 행위는?

① 조합원을 호별로 방문하는 행위   ② 선거공보를 배부하는 행위

③ 공개된 장소에서 지지를 호소하는 행위   ④ 선전벽보를 부착하는 행위

TIP 임원이나 대의원이 되려는 사람은 선거운동을 위하여 선거일 공고일부터 선거일까지의 기간 중에는 조합원을 호별로 방문하거나 특정 장소에 모이게 할 수 없다〈수산업협동조합법 제53조 제2항〉.

45 누구든지 임원 또는 대의원 선거와 관련하여 금지해야 하는 행위로 옳지 않은 것은?

① 자신이나 타인의 이름을 거짓으로 선거인명부에 올리는 행위

② 선거운동 기간 외에 선거운동을 하는 행위

③ 거짓 사실을 연설로 공표하는 행위

④ 특정인의 당선을 위해 지지를 호소하는 행위

TIP ① 누구든지 특정 임원의 선거에 투표하거나 투표하게 할 목적으로 자신이나 타인의 이름을 거짓으로 선거인 명부에 올려서는 아니 된다〈수산업협동조합법 제53조 제4항〉.
② 누구든지 후보자등록마감일의 다음 날부터 선거일 전일까지의 선거운동 기간 외에 선거운동을 할 수 없다〈수산업협동조합법 제53조 제5항〉.
③ 누구든지 지구별수협의 임원 또는 대의원 선거와 관련하여 연설·벽보 및 그 밖의 방법으로 거짓 사실을 공표하거나 공연히 사실을 구체적으로 제시하여 후보자(후보자가 되려는 사람을 포함한다)를 비방할 수 없다〈수산업협동조합법 제53조 제3항〉.

46 지구별수협의 임직원이 선거운동기간 중에 할 수 없는 행위로 볼 수 없는 것은?

① 그 지위를 이용하여 선거운동을 하는 행위

② 선거일에 출근하는 행위

③ 선거운동의 기획에 참여하는 행위

④ 후보자의 지지도를 조사하여 발표하는 행위

TIP 지구별수협의 임직원이 해서는 안 되는 행위〈수산업협동조합법 제53조 제10항〉
㉠ 그 지위를 이용하여 선거운동을 하는 행위
㉡ 선거운동의 기획에 참여하거나 그 기획의 실시에 관여하는 행위
㉢ 후보자(후보자가 되려는 사람을 포함한다)에 대한 조합원의 지지도를 조사하거나 이를 발표하는 행위

47 임원이나 대의원 선거운동방법으로 옳지 않은 것은?

① 공사의 직을 제공하는 행위
② 선거공보를 배부하는 행위
③ 공개 토론회를 개최하는 행위
④ 지지호소를 위한 전화사용

TIP 누구든지 임원 또는 대의원 선거 시 할 수 있는 행위〈수산업협동조합법 제53조 제8항〉
㉠ 선전벽보의 부착
㉡ 선거공보의 배부
㉢ 도로 · 시장 등 해양수산부령으로 정하는 다수인이 왕래하거나 집합하는 공개된 장소에서의 지지호소 및 명함의 배부
㉣ 합동연설회 또는 공개토론회의 개최
㉤ 전화(문자메세지를 포함한다) · 컴퓨터통신(전자우편을 포함한다)을 이용한 지지 호소

48 선거운동의 제한에 있어서 다수인이 왕래하거나 집합하는 공개된 장소의 범위로 옳지 않은 곳은?

① 공터 · 주민회관
② 선착장 · 방파제
③ 병원 · 종교시설
④ 주차장 · 위판장

TIP 다수인이 왕래하거나 집합하는 공개된 장소의 범위 ⋯ 도로 · 도로변 · 광장 · 공터 · 주민회관 · 시장 · 점포 · 공원 · 운동장 · 주차장 · 위판장 · 선착장 · 방파제 · 대기실 · 경로당 등 누구나 오갈 수 있는 공개된 장소를 말한다〈수산업협동조합법 시행규칙 제8조의2〉.

※ 다수인이 왕래하거나 집합하는 공개된 장소에서 제외되는 장소〈수산업협동조합법 시행규칙 제8조의2〉
㉠ 병원 · 종교시설 · 극장의 안
㉡ 지구별수협(업종별 수산업협동조합, 수산물가공 수산업협동조합, 중앙회를 말한다)의 주된 사무소나 지사무소의 건물의 안

49 다음 중 임원선거 후보자가 기부행위를 할 수 없는 기간으로 옳은 것은?

① 해당 임원의 임기 만료일 전 60일부터 해당 선거일까지
② 해당 임원의 임기 만료일 전 90일부터 해당 선거일까지
③ 해당 임원의 임기 만료일 전 120일부터 해당 선거일까지
④ 해당 임원의 임기 만료일 전 180일부터 해당 선거일까지

TIP 기부행위의 제한 … 지구별수협의 임원 선거 후보자, 그 배우자 및 후보자가 속한 기관·단체·시설은 해당 임원의 임기 만료일 전 180일부터 해당 선거일까지 선거인이나, 그 가족 또는 선거인이나 그 가족이 설립·운영하고 있는 기관·단체·시설에 대하여 기부행위를 할 수 없다〈수산업협동조합법 제53조의2 제1항〉.

※ 기부행위 … 금전·물품이나 그 밖의 재산상 이익의 제공, 이익 제공의 의사표시 또는 그 제공을 약속하는 행위를 말한다〈수산업협동조합법 제53조의2 제1항〉.

50 다음 중 기부행위로 보지 않는 행위는?

① 후보자가 선거인을 위해 화환을 제공하는 행위
② 후보자가 평소 자신이 다니는 사찰에 일반적으로 헌금하는 행위
③ 후보자가 선거인에게 직접 금전을 제공하는 행위
④ 후보자가 임원 선거기간 중 선거인을 위해 물품을 제공하는 행위

TIP ② 후보자가 평소 자신이 다니는 교회·성당·사찰 등에 일반적으로 헌금(물품의 제공을 포함한다)하는 행위는 기부행위로 보지 않는다〈수산업협동조합법 제53조의2 제2항 제2호 바목〉.

51 다음 중 임원선거와 관련하여 기부행위의 제한대상은?

① 후보자의 가족이 친족 경조사에 축의금을 제공하는 행위
② 친목회·향우회·종친회·동창회에 기부금을 전달하는 행위
③ 친목회·향우회에 종전의 범위에서 회비를 내는 행위
④ 후보자가 자신의 친족에게 연말에 의례적인 선물을 제공하는 행위

TIP ② 친목회·향우회·종친회·동창회 등 각종 사교·친목단체 및 사회단체의 구성원으로서 해당 단체의 정관·규약 또는 운영관례상의 의무에 기초하여 종전의 범위에서 회비를 내는 행위는 기부행위로 보지 않지만 친목회·향우회·종친회·동창회 등에 기부금을 전달하는 행위는 기부행위라 할 수 있다〈수산업협동조합법 제53조의2 제2항 제2호 마목〉.

※ 기부행위로 보지 않는 행위〈수산업협동조합법 제53조의2 제2항〉

㉠ 직무상의 행위
- 후보자가 소속된 기관·단체·시설의 자체 사업계획과 예산으로 하는 의례적인 금전·물품 제공 행위 (포상을 포함하되, 화환·화분을 제공하는 행위는 제외한다)
- 법령과 정관에 따른 조합의 사업계획 및 수지예산에 따라 집행하는 금전·물품 제공 행위(포상을 포함하되, 화환·화분을 제공하는 행위는 제외한다)
- 물품구매, 공사, 서비스 등에 대한 대가의 제공 또는 부담금의 납부 등 채무를 이행하는 행위
- 법령의 규정에 근거하여 물품 등을 찬조·출연 또는 제공하는 행위

㉡ 의례적 행위
- 친족의 관혼상제 의식이나 그 밖의 경조사에 축의·부의금품을 제공하는 행위
- 후보자가 친족이 아닌 사람의 관혼상제 의식에 일반적인 범위에서 축의·부의금품(화환·화분은 제외한다)을 제공하거나 주례를 서는 행위
- 후보자의 관혼상제 의식이나 그 밖의 경조사에 참석한 하객이나 조객 등에게 일반적인 범위에서 음식물이나 답례품을 제공하는 행위
- 후보자가 그 소속 기관·단체·시설(후보자가 임원이 되려는 해당 조합은 제외한다)의 유급 사무직원 또는 친족에게 연말·설 또는 추석에 의례적인 선물을 제공하는 행위
- 친목회·향우회·종친회·동창회 등 각종 사교·친목단체 및 사회단체의 구성원으로서 해당 단체의 정관·규약 또는 운영관례상의 의무에 기초하여 종전의 범위에서 회비를 내는 행위
- 후보자가 평소 자신이 다니는 교회·성당·사찰 등에 일반적으로 헌금(물품의 제공을 포함한다)하는 행위

㉢ 구호적·자선적 행위에 준하는 행위

㉣ 해양수산부령으로 정하는 행위

52 조합의 경비로 관혼상제 의식에 축의·부의금품을 제공할 때 적절한 방법은?

① 조합장의 성명을 밝히는 방법으로 제공
② 조합장의 개인 자격으로 제공
③ 조합의 명의로 제공하며, 조합의 경비임을 명기
④ 조합장의 직명을 밝히는 방법으로 제공

TIP 조합장의 축의·부의금품 제공 제한〈수산업협동조합법 제53조의3〉
㉠ 조합의 경비로 관혼상제 의식이나 그 밖의 경조사에 축의·부의금품을 제공할 때에는 조합의 명의로 하여야 하며, 해당 조합의 경비임을 명기하여야 한다.
㉡ 축의·부의금품을 제공할 경우 해당 조합장의 직명 또는 성명을 밝히거나 그가 하는 것으로 추정할 수 있는 방법으로 하는 행위는 기부행위로 본다.

Answer 49.④ 50.② 51.② 52.③

53 다음 중 임원선거 후보자의 기부행위에 대한 설명으로 옳은 것은?

① 임원 선거 후보자는 직무상의 행위로서 조합사업계획에 따른 금전제공은 허용된다.

② 선거인을 위해 후보자가 직접 금전이나 물품을 제공할 수 있다.

③ 후보자가 자신의 경조사에 참석한 사람들에게 답례품을 제공하는 것은 기부행위로 간주된다.

④ 후보자가 소속된 기관이 선거인을 위해 기부행위를 할 수 있다.

> **TIP** ①은 조합의 사업계획에 따른 금전 제공은 직무상의 행위로 기부행위로 볼 수 없다〈수산업협동조합법 제53조의2 제2항 제1호 가목〉.
> ② 후보자가 직접 금전이나 물품을 제공할 수 없다〈수산업협동조합법 제53조의2 제1항〉.
> ③ 후보자의 관혼상제 의식이나 그 밖의 경조사에 참석한 하객이나 조객 등에게 일반적인 범위에서 음식물이나 답례품을 제공하는 행위는 기부행위로 볼 수 없다〈수산업협동조합법 제53조의2 제2항 제2호 다목〉.
> ④ 후보자가 소속된 기관이 선거인을 위해 기부행위를 할 수 없다〈수산업협동조합법 제53조의2 제1항〉.

54 다음 중 선거관리위원회에 대한 설명으로 옳지 않은 것은?

① 선거관리위원회의 구성목적은 임원선거를 공정하게 관리하기 위함이다.

② 조합장 선거관리는 구·시·군선거관리위원회에 위탁해야 한다.

③ 선거관리위원회의 위원은 조합의 이사회가 위촉한다.

④ 선거관리위원회는 수협중앙회에서 구성·운영한다.

> **TIP** 선거관리위원회〈수산업협동조합법 제54조〉
> ㉠ 지구별수협은 임원 선거를 공정하게 관리하기 위하여 대통령령으로 정하는 바에 따라 선거관리위원회를 구성·운영한다.
> ㉡ 지구별수협은 선출하는 조합장 선거의 관리에 대하여는 정관으로 정하는 바에 따라 그 주된 사무소의 소재지를 관할하는 구·시·군선거관리위원회에 위탁하여야 한다.
> ④ 선거관리위원회의 위원은 조합의 이사회가 위촉하며, 그 밖에 선거관리위원회의 구성 및 운영에 필요한 사항은 조합의 정관으로 정한다〈수산업협동조합법 시행령 제16조〉.

55 다음 중 지구별수협 임원의 겸직금지에 대한 설명으로 옳지 않은 것은?

① 지구별수협의 임원은 그 지구별수협의 직원을 겸직할 수 없다.

② 지구별수협의 이사는 그 지구별수협의 상임이사를 겸직할 수 없다.

③ 지구별수협의 임원은 다른 조합의 임원 또는 직원을 겸직할 수 없다.

④ 지구별수협의 조합장은 그 지구별수협의 감사를 겸직할 수 없다.

TIP 임원의 겸직금지〈수산업협동조합법 제55조 제1항 ~ 제3항〉

㉠ 조합장을 포함한 이사는 그 지구별수협의 감사를 겸직할 수 없다.

㉡ 지구별수협의 임원은 그 지구별수협의 직원을 겸직할 수 없다.

㉢ 지구별수협의 임원은 다른 조합의 임원 또는 직원을 겸직할 수 없다.

※ 임원〈수산업협동조합법 제46조 제1항 및 제2항〉

　㉠ 지구별수협에 임원으로 조합장을 포함한 7명 이상 11명 이하의 이사와 2명의 감사를 둔다.

　㉡ 지구별수협은 이사 중 2명 이내의 상임이사를 두어야 한다.

56 다음 중 지구별수협의 임원이 이사회의 승인 없이 할 수 없는 행위는?

① 다른 조합의 직원으로 겸직하는 행위

② 자기의 계산으로 해당 지구별수협과 정관으로 정하는 규모 이상의 거래행위

③ 그 지구별수협의 직원의 업무를 수행하는 행위

④ 경쟁관계에 있는 사업을 제3자의 계산으로 거래 · 경영하는 행위

TIP 조합장을 포함한 이사는 이사회의 승인을 받지 아니하고는 자기 또는 제3자의 계산으로 해당 지구별수협과 정관으로 정하는 규모 이상의 거래를 할 수 없다〈수산업협동조합법 제55조 제6항〉.

Answer　53.① 54.④ 55.② 56.②

57 다음 중 지구별수협의 임직원 및 대의원이 될 수 없는 사람은?

① 지구별수협의 사업과 실질적인 경쟁관계에 있는 사업을 경영하는 사람
② 지구별수협의 직원으로만 근무하는 사람
③ 지구별수협의 사업을 위해 출자한 법인이 수행하고 있는 사업에 종사하는 사람
④ 지구별수협의 사업을 지원하는 기관에 근무하는 사람

TIP ① 지구별수협의 사업과 실질적인 경쟁관계에 있는 사업을 경영하거나 이에 종사하는 사람은 지구별수협의 임직원 및 대의원이 될 수 없다〈수산업협동조합법 제55조 제4항〉.

58 임직원 및 대의원이 될 수 없는 실질적인 경쟁관계에 있는 사업의 범위에 속하지 않는 사업은?

① 대부업, 대부중개업 및 그 협회가 수행하는 사업
② 사료의 제조업자 및 판매업자가 수행하는 사업
③ 지구별수협의 사업을 위해 중앙회가 출자한 법인이 수행하고 있는 사업
④ 지역산림조합, 품목별·업종별 산림조합 및 산림조합중앙회가 수행하는 사업

TIP 대통령령으로 정하는 실질적인 경쟁관계에 있는 사업의 범위〈수산업협동조합법 시행령 제16조의2〉
　㉠ 해당 조합, 조합공동사업법인 및 중앙회가 수행하고 있는 사업에 해당하는 경우로 한정한다.
　㉡ 조합·조합공동사업법인 및 중앙회가 사업을 위하여 출자한 법인이 수행하고 있는 사업은 실질적인 경쟁관계에 있는 사업으로 보지 아니한다.
　㉢ 실질적인 경쟁관계에 있는 사업의 범위〈수산업협동조합법 시행령 제16조의2 제1항 별표〉
　• 검사대상기관이 수행하는 사업
　• 지역농업협동조합, 지역축산업협동조합, 품목별·업종별 협동조합, 조합공동사업법인 및 농업협동조합중앙회가 수행하는 사업
　• 대부업, 대부중개업 및 그 협회가 수행하는 사업
　• 보험설계사, 보험대리점 및 보험중개사가 수행하는 사업
　• 비료업자가 수행하는 사업
　• 사료의 제조업자 및 판매업자가 수행하는 사업
　• 지역산림조합, 품목별·업종별 산림조합 및 산림조합중앙회가 수행하는 사업
　• 새마을금고 및 새마을금고중앙회가 수행하는 사업
　• 석유판매업
　• 수산동물관련단체가 수행하는 사업
　• 수산물가공업을 등록하거나 신고한 자가 수행하는 사업
　• 체신관서가 수행하는 사업
　• 장례식장 영업자가 수행하는 사업
　• 부가가치세 영세율이 적용되는 어업용 기자재를 어업인에게 직접 공급하는 자가 수행하는 사업
　• 그 밖에 이사회가 조합등 및 중앙회가 수행하는 사업과 실질적인 경쟁관계에 있다고 인정한 자가 수행하는 사업

59 임원의 의무와 책임에 대한 설명으로 옳지 않은 것은?

① 지구별수협의 임원은 법에 따른 정관, 총회 또는 이사회의 의결을 준수해야 한다.

② 임원이 직무를 수행하면서 고의로 지구별수협에 손해를 끼친 경우 연대하여 손해배상의 책임을 진다.

③ 이사회의 의결에 따른 손해에 대해서는 그 의결에 찬성한 이사는 손해배상의 책임을 지지 않는다.

④ 비상임인 임원의 경우에는 중대한 과실로 지구별수협에 손해를 끼친 경우에만 책임을 진다.

TIP ③ 손해를 끼친 행위가 이사회의 의결에 따른 것이면 그 의결에 찬성한 이사도 연대하여 손해배상의 책임을 진다. 이 경우 의결에 참가한 이사 중 이의를 제기한 사실이 의사록에 기록되어 있지 아니한 사람은 그 의결에 찬성한 것으로 추정한다〈수산업협동조합법 제56조 제4항〉.

① 지구별수협의 임원은 이 법과 이 법에 따른 명령·처분·정관 및 총회 또는 이사회의 의결을 준수하고 그 직무를 성실히 수행하여야 한다〈수산업협동조합법 제56조 제1항〉.

②④ 임원이 그 직무를 수행하면서 고의 또는 과실(비상임인 임원의 경우에는 중대한 과실)로 지구별수협에 끼친 손해에 대하여는 연대하여 손해배상의 책임을 진다〈수산업협동조합법 제56조 제2항〉.

60 조합원이 임원의 해임을 요구하기 위한 조건으로 옳은 것은?

① 총회 구성원 과반수의 출석과 출석구성원 과반수의 찬성으로 요구

② 조합원 4분의 1 이상의 동의로 총회에 임원의 해임을 요구

② 총회 구성원 3분의 2 이상의 출석과 출석구성원 과반수의 찬성으로 요구

④ 조합원 3분의 1 이상의 동의로 총회에 임원의 해임을 요구

TIP 조합원은 조합원 3분의 1 이상의 동의로 총회에 임원의 해임을 요구할 수 있다. 이 경우 총회는 구성원 과반수의 출석과 출석구성원 3분의 2 이상의 찬성으로 의결한다〈수산업협동조합법 제57조 제1항〉.

61 다음 중 대의원회에서 선출된 조합장의 해임절차로 옳은 것은?

① 조합원 과반수의 투표와 투표한 조합원 과반수의 찬성

② 대의원 3분의 1 이상의 요구 및 대의원 과반수의 출석과 출석대의원 3분의 2 이상의 찬성

③ 이사회의 해임 요구와 총회에서의 해임 의결

④ 대의원 4분의 1 이상의 요구와 대의원 과반수의 출석 및 출석대의원 과반수의 찬성

TIP 대의원회에서 선출된 조합장은 대의원 3분의 1 이상의 요구 및 대의원 과반수의 출석과 출석대의원 3분의 2 이상의 찬성으로 대의원회에서 해임을 의결한다〈수산업협동조합법 제57조 제2항 제1호〉.

　※ **조합장을 해임할 수 있는 표결방법**〈수산업협동조합법 제57조 제2항〉.

　　㉠ 대의원회에서 선출된 조합장 : 대의원 3분의 1 이상의 요구 및 대의원 과반수의 출석과 출석대의원 3분의 2 이상의 찬성으로 대의원회에서 해임 의결

　　㉡ 이사회에서 선출된 조합장 : 이사회의 해임 요구 및 총회에서의 해임 의결. 이 경우 이사회의 해임 요구와 총회의 해임 의결에 관하여는 제1호에 따른 정족수를 준용한다.

　　㉢ 조합원이 총회 외에서 직접 선출한 조합장 : 대의원 3분의 1 이상의 요구와 대의원회의 의결을 거쳐 조합원 투표로 해임 결정. 이 경우 대의원회의 의결에 관하여는 ㉠에 따른 정족수를 준용하며, 조합원 투표에 의한 해임결정은 조합원 과반수의 투표와 투표한 조합원 과반수의 찬성을 얻어야 한다.

62 이사회가 상임이사의 해임을 총회에 요구할 수 있는 경우로 옳은 것은?

① 상임이사가 경영 실적이 우수할 경우

② 상임이사가 직무를 성실히 수행한 경우

③ 상임이사가 소관업무의 경영실적이 부실한 경우

④ 상임이사가 총회의 의결에 반대하는 경우

TIP 이사회는 경영상태의 평가결과 상임이사가 소관업무의 경영실적이 부실하여 그 직무를 담당하기 곤란하다고 인정되거나, 수산업협동조합법령에 따른 명령 또는 정관을 위반하는 행위를 한 경우에는 상임이사의 해임을 총회에 요구할 수 있다. 이 경우 총회는 구성원 과반수의 출석과 출석구성원 3분의 2 이상의 찬성으로 의결한다〈수산업협동조합법 제57조 제3항〉.

63 다음 중 지구별수협의 직원임면에 대한 설명으로 옳지 않은 것은?

① 조합장이 비상임일 경우에는 지구별수협의 직원은 상임이사가 임면한다.

② 상임이사 소관 사업 부문에 속한 직원의 승진 및 전보는 상임이사가 전담한다.

③ 지구별수협의 직원은 정관으로 정하는 바에 따라 조합장이 임면한다.

④ 상임이사가 전담하는 승진과 전보의 방법·절차 등에 관한 구체적인 사항은 정관으로 정한다.

TIP 지구별수협의 직원은 정관으로 정하는 바에 따라 조합장이 임면하되, 조합장이 비상임일 경우에는 상임이사의 제청에 의하여 조합장이 임면한다. 다만, 상임이사 소관 사업 부문에 속한 직원의 승진 및 전보에 대하여는 상임이사가 전담하되, 상임이사가 전담하는 승진과 전보의 방법·절차 및 다른 사업 부문에서 상임이사 소관 사업 부문으로의 전보 등에 관한 구체적인 사항은 정관으로 정한다〈수산업협동조합법 제59조 제1항〉.

64 지구별수협의 간부직원에 대한 설명으로 옳지 않은 것은?

① 지구별수협에는 정관으로 정하는 바에 따라 간부직원을 두어야 한다.

② 간부직원은 조합장이 이사회의 의결을 거쳐 임면한다.

③ 상임이사를 두지 않는 조합의 경우에는 간부직원인 전무 1명을 둘 수 있다.

④ 전무는 조합장을 대신하여 모든 업무를 처리할 수 있다.

TIP ④ 전무는 조합장을 보좌하고 정관으로 정하는 바에 따라 조합의 업무를 처리한다〈수산업협동조합법 제59조 제3항〉.

①②③ 지구별수협에는 정관으로 정하는 바에 따라 간부직원을 두어야 하며, 간부직원은 대통령령으로 정하는 자격을 가진 사람 중 조합장이 이사회의 의결을 거쳐 임면한다. 다만, 상임이사를 두지 아니하는 조합의 경우에는 간부직원인 전무 1명을 둘 수 있다〈수산업협동조합법 제59조 제2항〉.

Answer   61.② 62.③ 63.① 64.④

65 지구별수협 간부직원의 자격요건에 해당하지 않는 사람은?

① 조합의 직원 중 시험성적이 우수한 사람

② 수협은행의 직원으로 5년 이상 재직한 사람으로 조합정관의 요건에 해당하는 사람

③ 수산 관계 행정기관에서 5급 이상 공무원으로 5년 이상 재직한 사람

④ 국가기관에서 5년 이상 종사한 경력이 있는 사람

TIP 간부직원의 자격〈수산업협동조합법 시행령 제17조〉
   ㉠ 조합의 직원으로서 시험성적, 교육이수 또는 근무성적 평가 결과 등이 중앙회의 회장이 정하는 요건에 해당하는 사람
   ㉡ 중앙회 또는 수협은행의 직원으로 5년 이상 재직한 사람으로서 조합의 정관에서 정하는 요건에 해당하는 사람과 같은 수준 이상의 자격이 있다고 정하는 사람
   ㉢ 수산 관계 행정기관에서 7급 이상 공무원으로 5년 이상 재직한 사람
   ㉣ 수산업 또는 금융업 관련 국가기관·연구기관·교육기관 또는 상사회사에서 5년 이상 종사한 경력이 있는 사람

1 지구별수협이 수행할 수 있는 사업으로 옳지 않은 것은?

① 차관사업   ② 수산업시설과 관련된 건설사업
③ 운송사업 및 어업통신사업   ④ 교육·지원 사업

TIP ② 지구별수협이 그 목적을 달성하기 위하여 건설사업은 수행할 수 없다〈수산업협동조합법 제60조 제1항〉.

2 지구별수협이 수행할 수 있는 사업을 모두 고르면?

> ㉠ 경제사업
> ㉡ 후생복지사업
> ㉢ 다른 경제단체·사회단체·문화단체와의 교류·협력사업
> ㉣ 지구별수협의 홍보를 위한 출판사업
> ㉤ 공제사업
> ㉥ 다른 조합이 위탁하거나 보조하는 사업

① ㉠㉡㉢㉣㉤   ② ㉠㉡㉢㉤㉥
③ ㉡㉢㉣㉤㉥   ④ ㉠㉡㉢㉣㉤㉥

TIP 지구별수협이 사업의 전부 또는 일부를 수행할 수 있는 사업〈수산업협동조합법 제60조 제1항〉.
> ㉠ 교육·지원 사업
> ㉡ 경제사업 및 신용사업
> ㉢ 공제사업 및 후생복지사업
> ㉣ 운송사업 및 어업통신사업
> ㉤ 국가, 공공단체, 중앙회, 수협은행 또는 다른 조합이 위탁하거나 보조하는 사업
> ㉥ 다른 경제단체·사회단체 및 문화단체와의 교류·협력
> ㉦ 다른 조합·중앙회 또는 다른 법률에 따른 협동조합과의 공동사업 및 업무의 대리
> ㉧ 다른 법령에서 지구별수협의 사업으로 정하는 사업
> ㉨ 지구별수협이 하는 사업에 관련된 대외무역
> ㉩ 차관사업
> ㉪ 지구별수협이 하는 사업에 부대하는 사업
> ㉫ 지구별수협의 목적 달성에 필요한 사업으로서 중앙회의 회장의 승인을 받은 사업

Answer   65.③ / 1.② 2.②

3 지구별수협에서 운영하는 사업 중 교육·지원 사업분야에 포함되지 않는 것은?

① 조합원의 사업 또는 생활에 필요한 공동시설의 운영 및 기자재의 임대사업
② 어업질서 유지
③ 어업 및 어촌생활 관련 정보의 수집 및 제공
④ 수산종자의 생산 및 보급

TIP 지구별수협이 운영하는 교육·지원 사업〈수산업협동조합법 제60조 제1항 제1호〉
　　ⓐ 수산종자의 생산 및 보급
　　ⓑ 어장 개발 및 어장환경의 보전·개선
　　ⓒ 어업질서 유지
　　ⓓ 어업권·양식업권과 어업피해 대책 및 보상 업무 추진
　　ⓔ 어촌지도자 및 후계어업경영인 발굴·육성과 수산기술자 양성
　　ⓕ 어업 생산의 증진과 경영 능력의 향상을 위한 상담 및 교육훈련
　　ⓖ 생활환경 개선과 문화 향상을 위한 교육 및 지원과 시설의 설치·운영
　　ⓗ 어업 및 어촌생활 관련 정보의 수집 및 제공
　　ⓘ 조합원의 노동력 또는 어촌의 부존자원(賦存資源)을 활용한 관광사업 등 어가(漁家) 소득증대사업
　　ⓙ 외국의 협동조합 및 도시와의 교류 촉진을 위한 사업
　　ⓚ 어업에 관한 조사·연구
　　ⓛ 각종 사업과 관련한 교육 및 홍보
　　ⓜ 그 밖에 정관으로 정하는 사업

4 지구별수협에서 운영하는 사업 중 경제사업의 범위에 속하지 않는 것은?

① 수산물 유통 조절 및 비축사업　　　② 이용·제조 및 가공사업
③ 어장개발 및 어장환경의 보전·개선　　　④ 구매사업

TIP 지구별수협이 운영하는 경제사업〈수산업협동조합법 제60조 제1항 제2호〉
　　ⓐ 구매사업
　　ⓑ 보관·판매 및 검사사업
　　ⓒ 이용·제조 및 가공(수산물의 처리를 포함한다) 사업
　　ⓓ 수산물 유통 조절 및 비축사업
　　ⓔ 조합원의 사업 또는 생활에 필요한 공동시설의 운영 및 기자재의 임대사업

5 지구별수협에서 운영하는 사업 중 신용사업의 업무로 옳지 않은 것은?

① 조합원에게 필요한 자금의 대출　　　② 내국환

③ 공공단체 및 금융기관 업무의 대리　　④ 어업권권과 어업피해대책 및 보상업무

TIP 지구별수협이 운영하는 신용사업〈수산업협동조합법 제60조 제1항 제3호〉
　　　㉠ 조합원의 예금 및 적금의 수납업무
　　　㉡ 조합원에게 필요한 자금의 대출
　　　㉢ 내국환
　　　㉣ 어음할인
　　　㉤ 국가, 공공단체 및 금융기관 업무의 대리
　　　㉥ 조합원의 유가증권·귀금속·중요물품의 보관 등 보호예수 업무

6 지구별수협에서 운영하는 사업 중 후생복지사업으로 옳지 않은 것은?

① 장제사업　　　　　　　　　　　② 보관·판매 및 검사 사업

③ 의료지원사업　　　　　　　　　④ 사회·복지시설의 설치

TIP 지구별수협이 운영하는 후생복지사업〈수산업협동조합법 제60조 제1항 제5호〉
　　　㉠ 사회·문화 복지시설의 설치·운영 및 관리
　　　㉡ 장제사업
　　　㉢ 의료지원사업

7 지구별수협이 사업목적을 달성하기 위하여 자금을 차입할 수 있는 기관으로 옳지 않은 곳은?

① 국가　　　　　　　　　　　　　② 공공단체

③ 법인투자회사　　　　　　　　　④ 중앙회

TIP 지구별수협이 수행하는 사업목적을 달성하기 위하여 국가, 공공단체, 중앙회, 수협은행 또는 다른 금융기관
으로부터 자금을 차입할 수 있다〈수산업협동조합법 제60조 제2항〉.

8 수산업협동조합법령상 대통령령으로 정하는 기준이 아닌 것은?

① 국가로부터 차입한 자금을 조합원이 아닌 수산업자에게 대출하는 경우

② 비조합원의 사업 이용을 제한하는 경우

③ 국가나 공공단체가 사업을 위탁하는 경우

④ 지구별수협이 중앙회 또는 수협은행으로부터 차입할 수 있는 자금의 한도

TIP ① 국가로부터 차입한 자금은 해양수산부령으로 정하는 바에 따라 조합원이 아닌 수산업자에게도 대출할 수 있다〈수산업협동조합법 제60조 제6항〉.
　　② 수산업협동조합법 제61조 제1항
　　③ 수산업협동조합법 제60조 제4항
　　④ 수산업협동조합법 제60조 제3항

9 국가나 공공단체가 사업을 하는 과정에서 발생하는 비용을 지원할 수 있는 사업은?

① 사회 · 복지시설사업　　　　　　　　　② 어업통신사업

③ 의료지원사업　　　　　　　　　　　　④ 어장개발 및 어장환경의 보전사업

TIP 국가나 공공단체가 사업과정에서 발생하는 비용을 지원할 수 있는 사업〈수산업협동조합법 제60조 제5항〉.
　　㉠ 어업통신사업
　　㉡ 국가, 공공단체, 중앙회, 수협은행 또는 다른 조합이 위탁하거나 보조하는 사업

10 지구별수협이 자기자본의 20%를 초과하여 출자할 수 있는 경우는?

① 수협은행에 출자하는 경우　　　　　　② 외국계 기업에 출자하는 경우

③ 중앙회에 출자하는 경우　　　　　　　④ 장제사업에 출자하는 경우

TIP 같은 법인에 대하여 자기자본의 100분의 20을 초과하여 출자할 수 있는 경우〈수산업협동조합법 제60조 제8항〉.
　　㉠ 중앙회에 출자하는 경우
　　㉡ 경제사업을 하기 위하여 지구별수협이 보유하고 있는 부동산 및 시설물을 출자하는 경우

11 지구별수협이 사업을 안정적으로 수행하기 위해 조성·운용할 수 있는 자금으로 옳은 것은?

① 대손보전자금 및 운영지원금　　　　② 비상운영자금 및 안정지원금
③ 외국인투자자금 및 사업손실보전자금　④ 사업손실보전자금 및 대손보전자금

TIP 지구별수협은 사업을 안정적으로 하기 위하여 정관으로 정하는 바에 따라 사업손실보전자금 및 대손보전자금을 조성·운용할 수 있다〈수산업협동조합법 제60조 제9항〉.

　※ 국가·지방자치단체 및 중앙회는 예산의 범위에서 사업손실보전자금 및 대손보전자금의 조성을 지원할 수 있다〈수산업협동조합법 제60조 제10항〉.

12 신용사업을 수행하는 조합이 중앙회 또는 수협은행으로부터 차입할 수 있는 자금합계액의 한도를 정하는 기준은?

① 자기자본의 범위　　　　　　　② 자기자본의 2배 이내
③ 자기자본의 3배 이내　　　　　④ 자기자본의 5배 이내

TIP 신용사업을 수행하는 조합이 신용사업을 위하여 중앙회 또는 수협은행으로부터 차입할 수 있는 자금합계액의 한도(조합이 중앙회 또는 수협은행에 예치한 예탁금의 범위에서 실행되는 중앙회 또는 수협은행의 대출은 제외한다)는 자기자본의 범위로 한다〈수산업협동조합법 시행령 제18조 제1항〉.

　※ 신용사업을 수행하는 조합이 지도경제사업대표이사의 승인을 받아 차입하는 경우에는 자기자본의 5배 이내로 한다〈수산업협동조합법 시행령 제18조 제1항〉.

13 조합이 신용사업 외의 사업을 위하여 차입할 수 있는 자금합계액의 한도는?

① 자기자본의 범위　　　　　　　② 자기자본의 3배 이내
③ 자기자본의 5배 이내　　　　　④ 자기자본의 7배 이내

TIP 조합이 신용사업 외의 사업을 위하여 중앙회 또는 수협은행으로부터 차입할 수 있는 자금합계액의 한도는 자기자본의 7배 이내로 한다〈수산업협동조합법 시행령 제18조 제2항〉.

Answer　8.① 9.② 10.③ 11.④ 12.① 13.④

14 조합이 한도를 초과하여 자금을 차입할 수 있는 경우로 옳은 것은?

① 이사회 구성원의 요청이 있는 경우

② 조합장이 임의로 결정한 경우

③ 예금인출 등 불가피한 사유로 자금이 필요한 경우

④ 조합원의 동의가 있는 경우

TIP 조합은 수산정책의 수행이나 예금인출 등 불가피한 사유로 자금이 필요한 경우에는 해양수산부령으로 정하는 바에 따라 한도를 초과하여 자금을 차입할 수 있다〈수산업협동조합법 시행령 제18조 제3항〉.

15 조합이 수산정책수행을 위해 자금차입한도를 초과하여 자금을 차입할 경우 승인을 받아야 하는 대상은?

① 해양수산부장관 　　　　　　　　　② 중앙회장

③ 중앙회의 지도경제사업대표이사 　　④ 조합장

TIP 조합이 자금의 차입한도를 초과하여 중앙회 또는 수협은행으로부터 자금을 차입하려는 경우에는 다음의 구분에 따라 중앙회의 지도경제사업대표이사 또는 해양수산부장관의 승인을 받아야 한다〈수산업협동조합법 시행규칙 제7조〉.
　ⓐ 수산정책의 수행을 위하여 자금이 필요한 경우 : 중앙회의 지도경제사업대표이사
　ⓑ 예금 인출 등 불가피한 사유로 자금이 필요한 경우 : 해양수산부장관

16 국가나 공공단체가 조합 또는 중앙회와 위탁계약을 체결할 때 서면으로 밝혀야 할 사항으로 옳지 않은 것은?

① 위탁기간 　　　　　　　　　　　② 위탁수수료 금액

③ 위탁사업의 수행에 필요한 사항 　④ 위탁사업의 대상과 범위

TIP 국가나 공공단체가 조합 또는 중앙회와 위탁계약을 체결할 때 서면으로 밝혀야 할 사항〈수산업협동조합법 시행령 제19조〉.
　ⓐ 위탁사업의 대상과 범위
　ⓑ 위탁기간
　ⓒ 그 밖에 위탁사업의 수행에 필요한 사항

17 조합등 및 중앙회가 위탁판매사업을 할 때 위탁자가 소속한 조합에 지급해야 하는 것으로 옳은 것은?

① 위탁판매조성금　　　　　　　　　② 불우이웃돕기성금
③ 대손보전자금　　　　　　　　　　④ 사업손실보전자금

TIP 위탁판매사업을 하는 조합등 및 중앙회는 정관에서 정하는 바에 따라 위탁자가 소속한 조합에 위탁판매수수료 중 일부를 위탁판매조성금으로 지급하여야 한다〈수산업협동조합법 시행령 제20조 제2항〉.

18 해양수산부장관이 조합원이 아닌 수산업자에 대한 자금대출에 관하여 관련 기관에 통보해야 할 사항으로 옳지 않은 것은?

① 대출대상자 및 지원규모　　　　　② 대출금액 및 대출기간
③ 자금의 대출에 필요한 사항　　　　④ 대출한도 및 조건

TIP 해양수산부장관이 조합원이 아닌 수산업자에 대한 자금대출에 관하여 관련 기관에 통보해야 할 사항〈수산업협동조합법 시행규칙 제9조〉
㉠ 대출대상자 및 지원규모
㉡ 대출한도 및 조건
㉢ 자금의 대출에 필요한 사항

19 공제규정에 대한 설명으로 옳지 않은 것은?

① 지구별조합이 공제사업을 정하여 해양수산부장관의 인가를 받아야 한다.
② 책임준비금은 공제사업의 종류별로 계산하여 적립한다.
③ 공제규정에는 해양수산부령으로 정하는 바에 따라 공제사업의 실시에 대한 내용이 포함되어야 한다.
④ 책임준비금 등은 매 회계연도 전에 적립하여야 한다.

TIP ②④ 책임준비금 등은 해양수산부령으로 정하는 기준에 따라 매 회계연도 말에 공제사업의 종류별로 계산하여 적립하여야 한다〈수산업협동조합법 제60조의2 제3항〉.
① 수산업협동조합법 제60조의2 제1항
③ 수산업협동조합법 제60조의2 제2항

20 공제규정에 포함되어야 할 사항으로 옳지 않은 것은?

① 공제사업의 책임준비금   ② 공제사업의 홍보방안

③ 공제계약 및 공제료   ④ 준비금 적립에 관한 사항

TIP 공제규정에 포함되어야 할 사항〈수산업협동조합법 제60조의2 제2항〉
    ㉠ 해양수산부령으로 정하는 바에 따라 공제사업의 실시
    ㉡ 공제계약 및 공제료
    ㉢ 공제사업의 책임준비금
    ㉣ 그 밖에 준비금 적립에 관한 사항

21 공제규정에 포함되어야 할 사항으로 옳지 않은 것은

① 공제사업과 관련한 교육 및 홍보에 관한 사항

② 공제자산운용의 범위 및 방법에 관한 사항

③ 재무건전성 및 공시에 관한 사항

④ 조합의 재공제 및 중앙회의 재보험에 관한 사항

TIP 공제규정에 포함되어야 할 사항〈수산업협동조합법 시행규칙 제9조의2 제1항〉.
    ㉠ 공제사업의 실시에 관한 사항
    ㉡ 공제상품에 관한 사항
    ㉢ 공제계약에 관한 사항
    ㉣ 공제자산운용의 범위 및 방법에 관한 사항
    ㉤ 공제회계에 관한 사항
    ㉥ 재무건전성 및 공시에 관한 사항
    ㉦ 공제 회계처리 및 손해사정에 관한 사항
    ㉧ 공제분쟁심의위원회의 설치 및 운영에 관한 사항
    ㉨ 조합의 재공제 및 중앙회의 재보험에 관한 사항
    ㉩ 공제사업 감독기준에서 정한 사항과 그 밖에 공제사업을 위하여 필요한 사항

22 공제규정의 기재사항 중 공제사업의 실시에 관한 사항에 포함되지 않는 것은?

① 공제를 모집할 수 있는 자   ② 공제상품 안내 자료의 기재사항

③ 공제료 및 책임준비금 산출방법에 관한 사항   ④ 공제모집 시 금지행위

TIP 공제규정의 기재사항 중 공제사업의 실시에 관한 사항〈수산업협동조합법 시행규칙 제9조의2 제1항 제1호〉
　　　㉠ 공제사업의 종목
　　　㉡ 공제를 모집할 수 있는 자
　　　㉢ 공제상품 안내 자료의 기재사항
　　　㉣ 통신수단을 이용한 모집 시 준수사항
　　　㉤ 공제모집 시 금지행위
　　　㉥ 공제 모집 시 불법행위로 인한 공제계약자 등에 대한 손해배상에 관한 사항

23 공제규정에 포함되어야 하는 사항 중 공제상품에 관한 사항으로 옳은 것은?

① 공제사업의 종목　　　　　　　　② 공제자의 면책사유에 관한 사항

③ 통신수단을 이용한 모집 시 준수사항　　④ 공제상품 개발기준

TIP 공제규정의 기재사항 중 공제상품에 관한 사항〈수산업협동조합법 시행규칙 제9조의2 제1항 제2호〉
　　　㉠ 공제상품 개발기준
　　　㉡ 사업방법서, 약관, 공제료 및 책임준비금 산출방법에 관한 사항

24 공제규정의 기재사항 중 공제계약에 관한 사항에 포함되지 않은 것은?

① 공제계약의 체결절차　　　　　　② 공제사업의 종목

③ 공제계약의 무효에 관한 사항　　　④ 공제자의 면책사유에 관한 사항

TIP 공제규정의 기재사항 중 공제계약에 관한 사항〈수산업협동조합법 시행규칙 제9조의2 제1항 제3호〉
　　　㉠ 공제계약자 및 피공제자의 범위
　　　㉡ 공제계약의 성립 및 책임 개시에 관한 사항
　　　㉢ 공제계약의 체결절차
　　　㉣ 공제금의 지급 및 지급 사유에 관한 사항
　　　㉤ 공제계약의 무효에 관한 사항
　　　㉥ 공제계약의 변경에 관한 사항
　　　㉦ 공제료의 수납 및 환급에 관한 사항
　　　㉧ 공제계약의 해지 · 부활 · 소멸에 관한 사항
　　　㉨ 공제자의 의무 범위 및 그 의무 이행의 시기에 관한 사항
　　　㉩ 공제자의 면책사유에 관한 사항

Answer 20.② 21.① 22.③ 23.④ 24.②

25 공제규정에 포함되어야 하는 사항 중 공제회계에 관한 사항으로 옳은 것은?

① 책임준비금 등의 적립 및 배당에 관한 사항

② 공제자의 의무 범위 및 그 의무 이행의 시기에 관한 사항

③ 지급여력의 산출 기준 및 방법

④ 공제금의 지급 및 지급 사유에 관한 사항

TIP 공제규정의 기재사항 중 공제회계에 관한 사항〈수산업협동조합법 시행규칙 제9조의2 제1항 제5호〉
　　　㉠ 결산, 재무제표 작성, 사업비 집행 등의 회계처리에 관한 사항
　　　㉡ 책임준비금 등의 적립 및 배당에 관한 사항

26 공제규정의 기재사항 중 재무건전성 및 공시에 관한 사항으로 옳지 않은 것은?

① 위험관리에 관한 사항

② 공제사업의 종목에 관한 사항

③ 지급여력의 산출 기준 및 방법

④ 상품공시의 방법·절차 등에 관한 사항

TIP 공제규정의 기재사항 중 재무건전성 및 공시에 관한 사항〈수산업협동조합법 시행규칙 제9조의2 제1항 제6호〉
　　　㉠ 지급여력의 산출 기준 및 방법
　　　㉡ 자산건전성 기준 및 위험관리에 관한 사항
　　　㉢ 경영공시 및 상품공시의 방법·절차 등에 관한 사항

27 공제규정에 포함되어야 하는 사항 외에 공제규정 부속서로 포함되어야 하는 것은?

① 공제제품의 제조내역서 및 판매계획

② 공제상품의 표준사업방법서 및 표준약관

③ 공제규정 담당 조합원의 인적사항

④ 공제사업의 임원진 구성계획

TIP 공제규정에 포함되어야 하는 사항 외에 공제상품의 표준사업방법서 및 표준약관이 공제규정 부속서로 포함되어야 한다〈수산업협동조합법 시행규칙 제9조의2 제2항〉.

28 공제사업을 하는 조합 또는 중앙회가 책임준비금으로 적립해야 하는 금액으로 옳지 않은 것은?

① 지급사유가 발생하지 않았으나 장래에 지급할 공제금에 충당하기 위한 공제료 적립금

② 신청지연으로 아직 지급하지 않은 공제금에 대한 추정금액

③ 조합운영을 위한 일반관리비 및 공제사업 감독기준에서 정하는 비상위험준비금

④ 공제계약자에게 배당하기 위해 적립한 계약자배당준비금

TIP 공제사업을 하는 조합 또는 중앙회가 공제사업의 종류별로 책임준비금으로 적립해야 하는 금액〈수산업협동조합법 시행규칙 제9조의3 제1항〉.

　　㉠ 매 회계연도 말 현재 지급 사유가 발생하지 아니하였으나 장래에 지급할 공제금 및 환급금에 충당하기 위하여 공제료 및 책임준비금 산출방법서에서 정하는 바에 따라 계산한 공제료 적립금과 미경과 공제료

　　㉡ 매 회계연도 말 현재 지급 사유가 발생하였으나 신청지연 또는 지급금액 미확정 등의 사유로 아직 지급하지 아니한 공제금 및 환급금에 대하여 지급하여야 할 것으로 추정되는 금액

　　㉢ 공제계약자에게 배당하기 위하여 적립한 계약자배당준비금

　　㉣ 공제사업 감독기준에서 정하는 바에 따른 비상위험준비금 및 공제기금

　　※ 공제사업을 중앙회에 전액 재공제하는 조합의 경우에는 책임준비금을 적립하지 아니할 수 있다〈수산업협동조합법 시행규칙 제9조의3 제2항〉.

29 조합원이 생산한 수산물의 효율적인 판매를 위해 지구별수협이 추진할 사항으로 옳지 않은 것은?

① 수산물의 판매가격 인상 제한

② 다른 조합과의 공동사업

③ 거래처의 확보

④ 수산물의 유통 및 수출에 관한 규정 정비

TIP 수산물의 효율적인 판매를 위해 추진해야 할 사항〈수산업협동조합법 제60조의4 제1항〉

　　㉠ 다른 조합 및 중앙회와의 공동사업

　　㉡ 수산물의 유통, 판매 및 수출 등에 관한 규정의 제정 및 개정

　　㉢ 그 밖에 거래처 확보 등 수산물의 판매활성화 사업에 필요한 사항

　　※ 판매위탁사업의 조건과 절차 등에 관한 세부사항은 중앙회의 사업전담대표이사 또는 중앙회가 출자한 법인의 대표이사가 각각 정한다〈수산업협동조합법 제60조의4 제3항〉.

30 지구별수협이 조합원에게 실시해야 하는 교육을 설명한 것으로 옳지 않은 것은?

① 협동조합의 운영원칙과 방법에 대한 교육을 실시해야 한다.

② 조합원의 권익이 증진될 수 있는 교육을 실시해야 한다.

③ 적극적으로 조합원에게 전문기술교육과 경영상담 등을 해야 한다.

④ 교육 및 상담을 효율적으로 수행하기 위하여 전문교육기관을 둘 수 있다.

TIP 조합원에 대한 교육〈수산업협동조합법 제60조의3〉
　　⊙ 지구별수협은 조합원에게 협동조합의 운영원칙과 방법에 대한 교육을 실시하여야 한다.
　　ⓒ 지구별수협은 조합원의 권익이 증진될 수 있도록 조합원에 대하여 적극적으로 전문기술교육과 경영상담
　　　 등을 하여야 한다.
　　ⓒ 지구별수협은 교육 및 상담을 효율적으로 수행하기 위하여 전문상담원을 둘 수 있다.

31 조합원이 생산한 수산물판매의 활성화방안으로 옳지 않은 것은?

① 다른 조합 및 중앙회와의 공동사업을 추진한다.

② 중앙회등에 수산물의 판매위탁을 요청한다.

③ 수산물의 유통·판매 및 수출 등에 관한 규정을 강화한다.

④ 중앙회는 지구별수협에 조성한 유통지원자금의 지원 등 우대조치를 한다.

TIP ③ 지구별수협은 조합원이 생산한 수산물의 효율적인 판매를 위하여 수산물의 유통, 판매 및 수출 등에 관한
　　 규정의 제정 및 개정을 추진해야 한다〈수산업협동조합법 제60조의4 제1항 제2호〉.
　　① 수산업협동조합법 제60조의4 제1항 제1호
　　② 수산업협동조합법 제60조의4 제2항
　　④ 수산업협동조합법 제60조의4 제4항

32 지구별수협이 비조합원에게 이용을 제한할 수 있는 사업으로 옳지 않은 것은?

① 신용사업

② 의료지원사업

③ 다른 경제단체와의 교류 · 협력사업

④ 다른 법령에서 지구별수협의 사업으로 정하는 사업

TIP 지구별수협은 조합원의 이용에 지장이 없는 범위에서 조합원이 아닌 자에게 그 사업을 이용하게 할 수 있으나 대통령령으로 정하는 바에 따라 일부 사업에 대해서는 비조합원의 이용을 제한할 수 있다〈수산업협동조합법 제61조 제1항〉.

　※ **비조합원에게 이용을 제한할 수 있는 사업**〈수산업협동조합법 제61조 제1항〉
　　㉠ 신용사업
　　㉡ 다른 경제단체 · 사회단체 및 문화단체와의 교류 · 협력
　　㉢ 다른 조합 · 중앙회 또는 다른 법률에 따른 협동조합과의 공동사업 및 업무의 대리
　　㉣ 다른 법령에서 지구별수협의 사업으로 정하는 사업
　　㉤ 법 제60조 제1항 제1호부터 제13호까지의 사업에 부대하는 사업

33 조합원이 아닌 사람이 지구별수협의 사업을 이용한 경우 조합원이 이용한 것으로 보는 경우로 옳지 않은 사람은?

① 조합원과 같은 세대에 속하는 사람

② 준조합원

③ 다른 조합의 조합원

④ 해당 수협소재지 외에 거주하는 사람

TIP 조합원이 아닌 사람이 지구별수협사업을 이용하는 경우 조합원이 그 사업을 이용한 것으로 보는 경우〈수산업협동조합법 제61조 제2항〉.
　㉠ 조합원과 같은 세대에 속하는 사람
　㉡ 준조합원
　㉢ 다른 조합 및 다른 조합의 조합원

34 지구별수협이 다음의 사업에 대한 비조합원의 이용을 제한할 경우 제한할 수 있는 범위로 옳은 것은?

> ㉠ 조합원에게 필요한 자금의 대출
> ㉡ 다른 경제단체 · 사회단체 및 문화단체와의 교류 · 협력
> ㉢ 다른 조합 · 중앙회 또는 다른 법률에 따른 협동조합과의 공동사업 및 업무의 대리
> ㉣ 다른 법령에서 지구별수협의 사업으로 정하는 사업
> ㉤ 지구별수협이 수행하는 사업에 부대하는 사업

① 각 사업별로 그 회계연도 사업량의 2분의 1의 범위
② 각 사업별로 그 회계연도 사업량의 3분의 1의 범위
③ 각 사업별로 그 회계연도 사업량의 3분의 2의 범위
④ 각 사업별로 그 회계연도 사업량의 4분의 1의 범위

TIP 지구별수협은 조합원이 아닌 자가 ㉠㉡㉢㉣을 이용하는 경우 각 사업별로 그 회계연도 사업량(해당 사업이 대출인 경우에는 그 사업연도에 새로 취급하는 대출취급액, 그 밖의 사업의 경우에는 각 사업별 회계연도의 취급량 또는 취급액을 말한다)의 3분의 1의 범위에서 그 이용을 제한할 수 있다〈수산업협동조합법 시행령 제20조의2 제1항〉.

35 지구별수협이 유통지원자금을 조성 · 운용할 수 있는 사업으로 옳지 않은 것은?

① 수산물의 생산을 위한 대출사업
② 수산물 및 그 가공품의 출하조절사업
③ 매취사업
④ 수산물의 생산 관련 사업

TIP 지구별수협이 유통지원자금을 조성 · 운용할 수 있는 사업〈수산업협동조합법 제62조 제2항〉
> ㉠ 수산물의 생산 관련 사업
> ㉡ 수산물 및 그 가공품의 출하조절사업
> ㉢ 수산물의 공동규격 출하촉진사업
> ㉣ 매취(買取)사업
> ㉤ 그 밖에 지구별수협이 필요하다고 인정하는 유통 관련 사업

※ 지구별수협은 조합원이 생산한 수산물 및 그 가공품 등의 유통을 지원하기 위하여 유통지원자금을 조성 · 운용할 수 있다〈수산업협동조합법 제62조 제1항〉.

36 지구별수협이 창고증권을 발행한 임치물의 보관기간은?

① 1개월 이내   ② 3개월 이내

③ 6개월 이내   ④ 9개월 이내

TIP 지구별수협이 창고증권을 발행한 임치물의 보관 기간은 임치일부터 6개월 이내로 한다〈수산업협동조합법 제63조 제4항〉.

※ 보관사업을 하는 지구별수협은 정관으로 정하는 바에 따라 임치물에 관하여 창고증권을 발행할 수 있다〈수산업협동조합법 제63조 제1항〉.

37 지구별수협이 조합원의 공동이익을 위해 어업에 부대하는 사업을 경영할 수 있는 조건은?

① 해양수산부장관에 신고해야 한다.

② 중앙회장의 동의를 받아야 한다.

③ 어촌계의 의결을 거쳐야 한다.

④ 총회의 의결을 거쳐야 한다.

TIP ④ 지구별수협이 어업 및 그에 부대하는 사업을 경영하려면 총회의 의결을 거쳐야 한다〈수산업협동조합법 제64조 제2항〉.

Answer   34.② 35.① 36.③ 37.④

1   지구별수협의 회계연도로 옳은 것은?

① 정관으로 정한다.   ② 기업회계기준에 따른다.

③ 지방자치단체의 회계기준에 따른다.   ④ 국가의 회계기준에 따른다.

TIP 지구별수협의 회계연도는 정관으로 정한다〈수산업협동조합법 제65조〉.

2   지구별수협의 회계를 구분할 때 옳지 않은 것은?

① 신용사업부문회계   ② 특정자금의 보유회계

③ 특별회계   ④ 신용사업 외의 사업부문회계

TIP 지구별수협의 회계구분〈수산업협동조합법 제66조〉
　　㉠ 지구별수협의 회계는 일반회계와 특별회계로 구분한다.
　　㉡ 일반회계는 신용사업 부문 회계와 신용사업 외의 사업 부문 회계로 구분하여 회계처리하여야 한다.

3   지구별수협의 회계에 대한 설명으로 옳지 않은 것은?

① 지구별수협의 회계는 일반회계와 특별회계로 구분한다.

② 일반회계와 구분할 필요가 있는 특별회계는 정관으로 정하는 바에 따라 설치한다.

③ 일반회계와 특별회계 간의 재무관계와 재무기준은 해양수산부장관이 정한다.

④ 조합의 회계처리기준에 필요한 사항은 지구별수협의 이사회가 정한다.

TIP ④ 조합의 회계처리기준에 필요한 사항은 중앙회의 회장이 정한다. 다만, 신용사업의 회계처리기준에 관하여
　　필요한 사항은 금융위원회가 따로 정할 수 있다〈수산업협동조합법 제66조 제5항〉.
　　① 수산업협동조합법 제66조 제1항
　　② 수산업협동조합법 제66조 제3항 제3호
　　③ 수산업협동조합법 제66조 제4항 제1호

4 특별회계를 정관으로 설치할 수 있는 경우로 옳지 않은 것은?

① 특정 사업을 운영할 경우　　　　　② 특정 재무제표를 작성할 경우

③ 특정 자금을 보유하여 운영할 경우　④ 일반회계와의 구분이 필요할 경우

TIP 특별회계를 정관으로 설치할 수 있는 경우〈수산업협동조합법 제66조 제3항〉.
ⓐ 특정 사업을 운영할 경우
ⓑ 특정 자금을 보유하여 운영할 경우
ⓒ 그 밖에 일반회계와 구분할 필요가 있는 경우

5 해양수산부장관이 정하는 재무관계와 재무기준으로 옳지 않은 것은?

① 일반회계와 특별회계 간의 재무관계와 그에 관한 재무기준

② 신용사업 부문과 신용사업 외의 사업 부문 간의 재무관계와 그에 관한 재무기준

③ 조합과 조합원 간의 재무관계와 그에 관한 재무기준

④ 조합의 예산 편성과 집행에 관한 기준

TIP 해양수산부장관이 정하는 재무관계와 재무기준〈수산업협동조합법 제66조 제4항〉
ⓐ 일반회계와 특별회계 간의 재무관계와 그에 관한 재무기준
ⓑ 신용사업 부문과 신용사업 외의 사업 부문 간의 재무관계와 그에 관한 재무기준
ⓒ 조합과 조합원 간의 재무관계와 그에 관한 재무기준

※ 신용사업 부문과 신용사업 외의 사업 부문 간의 재무관계에 관한 재무기준에 관하여는 금융위원회와 협의하여야 한다〈수산업협동조합법 제66조 제4항〉.

6 지구별수협이 작성하는 사업계획과 수지예산을 제출해야 하는 기한은?

① 회계연도가 시작되기 1개월 전　　　② 회계연도가 시작되기 3개월 전

③ 회계연도가 시작되기 5개월 전　　　④ 회계연도가 시작되기 6개월 전

TIP 사업계획과 수지예산〈수산업협동조합법 제67조〉
ⓐ 지구별수협은 매 회계연도의 사업계획서와 수지예산서를 작성하여 해당 회계연도가 시작되기 1개월 전에 총회의 의결을 거쳐 중앙회의 회장에게 제출하여야 한다.
ⓑ 지구별수협이 사업계획과 수지예산 중 정관으로 정하는 중요한 사항을 변경하려면 총회의 의결을 거쳐 중앙회의 회장에게 제출하여야 한다.

Answer　1.① 2.② 3.④ 4.② 5.④ 6.①

7 지구별수협의 자기자본에 포함되지 않는 것은?

① 각종 적립금 ② 회전출자금

③ 부채 ④ 납입출자금

TIP 자기자본 … 지구별수협의 자기자본은 다음의 금액을 합친 금액으로 한다. 다만, 이월결손금이 있는 경우에는 그 금액을 공제한다〈수산업협동조합법 제68조〉.
ㄱ 납입출자금
ㄴ 회전출자금
ㄷ 우선출자금(누적되지 아니하는 것만 해당한다)
ㄹ 가입금
ㅁ 각종 적립금
ㅂ 미처분 이익잉여금

8 지구별수협이 업무상 여유자금을 운용할 수 있는 방법으로 옳지 않은 것은?

① 국채 · 공채의 매입 ② 상장기업에 대출

③ 신탁업자가 발행하는 수익증권의 매입 ④ 체신관서에 예치

TIP 지구별수협이 업무상 여유자금을 운용할 수 있는 방법〈수산업협동조합법 제69조 제1항〉
ㄱ 국채 · 공채 및 대통령령으로 정하는 유가증권의 매입
 • 채무증권 중 국채증권 · 지방채증권 · 특수채증권 및 사채권
 • 신탁업자가 발행하는 수익증권
 • 집합투자업자가 발행하는 수익증권
 • 종합금융회사가 발행하는 수익증권
ㄴ 중앙회, 수협은행 또는 대통령령으로 정하는 금융기관에 예치
 • 은행
 • 투자매매업자, 투자중개업자, 집합투자업자, 신탁업자 및 종합금융회사
 • 한국산업은행
 • 중소기업은행
 • 한국수출입은행
 • 지구별수협
 • 신용사업을 하는 업종별수협 및 수산물가공수협
 • 체신관서
※ 중앙회에 대한 예치 하한 비율 또는 금액은 여유자금의 건전한 운용을 해치지 아니하는 범위에서 중앙회의 회장이 정한다〈수산업협동조합법 제69조 제2항〉.

9 수산업협동조합법령상 다음 (   ) 안에 알맞은 것을 고르면?

> 지구별수협은 매 회계연도의 손실 보전을 하고 남을 때에는 (   )가 될 때까지 매 사업연도 잉여금의 10분의 1 이상을 법정적립금으로 적립하여야 한다

① 자기자본의 1배   ② 자기자본의 2배

③ 자기자본의 3배   ④ 자기자본의 5배

TIP 지구별수협은 매 회계연도의 손실 보전을 하고 남을 때에는 자기자본의 3배가 될 때까지 매 사업연도 잉여금의 10분의 1 이상을 법정적립금으로 적립하여야 한다〈수산업협동조합법 제70조 제1항〉.

10 지구별수협이 지도사업이월금을 다음 회계연도로 이월해야 하는 규모는?

① 잉여금의 10% 이상   ② 잉여금의 20% 이상

③ 잉여금의 25% 이상   ④ 잉여금의 30% 이상

TIP 지구별수협은 정관으로 정하는 바에 따라 교육 · 지원 사업 등의 지도사업 비용에 충당하기 위하여 잉여금의 100분의 20 이상을 지도사업이월금으로 다음 회계연도로 이월하여야 한다〈수산업협동조합법 제70조 제2항〉.

11 지구별수협이 자본적립금으로 적립하여야 하는 항목으로 옳지 않은 것은?

① 합병차익   ② 자산재평가 차익

③ 감자에 따른 차익   ④ 지도사업이월금

TIP 지구별수협이 자본적립금으로 적립해야 하는 항목〈수산업협동조합법 제70조 제4항〉.
ㄱ 감자에 따른 차익
ㄴ 자산재평가 차익
ㄷ 합병차익
ㄹ 그 밖의 자본잉여금

12 지구별수협이 당기손실금이 발생한 경우 보전순서로 옳은 것은?

① 미처분 이월금 → 임의적립금 → 법정적립금 → 자본적립금
② 임의적립금 → 법정적립금 → 자본적립금 → 미처분 이월금
③ 법정적립금 → 자본적립금 → 미처분 이월금 → 임의적립금
④ 자본적립금 → 미처분 이월금 → 임의적립금 → 법정적립금

TIP 지구별수협은 매 회계연도의 결산 결과 손실금(당기손실금을 말한다)이 발생하였을 때에는 미처분 이월금 - 임의적립금 - 법정적립금 - 자본적립금순으로 보전하고, 보전한 후에도 부족할 때에는 다음 회계연도로 이월한다〈수산업협동조합법 제71조 제1항〉.

※ 지구별수협은 손실을 보전하고 법정적립금, 지도사업이월금 및 임의적립금을 공제한 후가 아니면 잉여금을 배당하지 못한다〈수산업협동조합법 제71조 제2항〉.

13 지구별수협이 잉여금을 배당할 때 가장 먼저 배당해야 하는 분야는?

① 정관으로 정하는 비율의 한도 이내에서 납입출자액에 대한 배당
② 준조합원의 사업 이용 실적에 대한 배당
③ 지구별수협 임직원의 사업실적에 대한 배당
④ 조합원의 사업 이용 실적에 대한 배당

TIP 정관으로 정하는 바에 따른 잉여금의 배당 순서〈수산업협동조합법 제71조 제3항〉.
1. 조합원의 사업 이용 실적에 대한 배당
2. 정관으로 정하는 비율의 한도 이내에서 납입출자액에 대한 배당
3. 준조합원의 사업 이용 실적에 대한 배당

14 법정적립금과 자본적립금을 사용할 수 있는 경우는?

① 지구별수협의 시설을 매입하는 경우
② 지구별수협의 손실금을 보전하는 경우
③ 지구별수협의 임직원에게 성과급을 지급하는 경우
④ 지구별수협의 신규 사업수행을 위한 경우

TIP 법정적립금 및 자본적립금을 사용할 수 있는 경우〈수산업협동조합법 제72조〉
  ㉠ 지구별수협의 손실금을 보전하는 경우
  ㉡ 지구별수협의 구역이 다른 조합의 구역이 된 경우에 그 재산의 일부를 다른 조합에 양여하는 경우

15 지구별수협의 결산에 대한 설명으로 옳지 않은 것은?

① 조합장은 정기총회 1주 전까지 결산보고서를 감사에게 제출해야 한다.

② 조합장은 정기총회에서 결산보고서에 대한 승인을 받은 후 재무상태표를 지체없이 공고해야 한다.

③ 조합원과 채권자는 결산보고서는 열람할 수 있으나 조합원 명부는 열람할 수 없다.

④ 결산에 대한 승인이 이루어진 경우 임원의 책임 해제에 관하여는 상법을 준용한다.

TIP ③ 조합원과 채권자는 정관, 총회의사록, 조합원 명부 및 결산보고서(사업보고서, 재무상태표 및 손익계산서와 잉여금처분안 또는 손실금처리안 등을 말한다) 등을 열람하거나 그 사본의 발급을 청구할 수 있다〈수산업협동조합법 제73조 제2항〉.

① 조합장은 정기총회 1주 전까지 결산보고서를 감사에게 제출하고 이를 주된 사무소에 갖추어 두어야 한다〈수산업협동조합법 제73조 제1항〉.

② 수산업협동조합법 제73조 제3항

④ 수산업협동조합법 제73조 제4항

16 지구별수협이 출자감소를 의결하였을 때 해야 할 조치로 옳은 것은?

① 출자감소의결 후 3주 이내에 재무상태표를 작성해야 한다.

② 채권자가 기일 이내에 출자감소의결에 대한 이의제기를 하지 않으면 이를 승인한 것으로 본다.

③ 출자감소의결에 대해 이의가 있는 채권자에게는 3주 내에 이의제기를 독촉해야 한다.

④ 출자감소의결에 대한 이의가 있는 채권자는 이의 제기를 1개월 내에 해야 한다.

TIP 출자금액의 감소 의결〈수산업협동조합법 제74조항〉

㉠ 지구별수협은 출자 1계좌의 금액 또는 출자계좌 수의 감소(이하 "출자감소"라 한다)를 의결하였을 때에는 그 의결을 한 날부터 2주 이내에 재무상태표를 작성하여야 한다.

㉡ 지구별수협은 정관으로 정하는 바에 따라 감소 의결에 대하여 이의가 있는 채권자는 일정한 기일 이내에 이의를 제기하라는 취지를 1개월 이상 공고하고, 이미 알고 있는 채권자에 대하여는 따로 독촉하여야 한다.

㉢ 공고 또는 독촉은 출자감소 의결을 한 날부터 2주 이내에 하여야 한다.

※ 채권자가 기일 이내에 출자감소 의결에 대하여 이의를 제기하지 아니하면 이를 승인한 것으로 보며, 채권자가 출자감소의결에 대하여 이의를 제기한 경우 지구별수협이 이를 변제하거나 감소분에 상당하는 담보를 제공하지 아니하면 그 의결은 효력을 발생하지 아니한다〈수산업협동조합법 제75조 제2항〉.

1 지구별수협이 다른 조합과 합병할 때에 대한 설명으로 옳지 않은 것은?

① 합병계약서를 작성하고 각 총회의 의결을 거쳐야 한다.

② 합병은 해양수산부장관의 인가를 받아야 한다.

③ 합병무효에 관하여는 「상법」 제529조를 준용한다.

④ 합병무효의 소는 등기가 있은 날로부터 9월내에 제기하여야 한다.

TIP ④ 합병무효의 소는 등기가 있은 날로부터 6월내에 제기하여야 한다〈상법 제529조 제2항〉.

※ **지구별수협의 합병**〈수산업협동조합법 제77조〉
  ⊙ 지구별수협이 다른 조합과 합병할 때에는 합병계약서를 작성하고 각 총회의 의결을 거쳐야 한다.
  ⓒ 합병은 해양수산부장관의 인가를 받아야 한다.
  ⓒ 합병무효에 관하여는 「상법」 제529조를 준용한다.

2 합병으로 지구별수협을 설립할 때 선출해야 하는 설립위원의 정수는?

① 7명 이상 15명 이하 ② 10명 이상 20명 이하

③ 20명 이상 30명 이하 ④ 25명 이상 30명 이하

TIP 설립위원의 정수는 20명 이상 30명 이하로 하고 합병하려는 각 조합의 조합원 중에서 조합원 수의 비율로 선출한다〈수산업협동조합법 제78조 제2항〉.

3 설립위원에 대한 설명으로 옳지 않은 것은?

① 설립위원은 합병으로 지구별수협을 설립할 때 총회에서 선출한다.

② 설립위원은 설립위원회를 개최하여 정관을 작성하고 임원을 선출하여 인가를 받아야 한다.

③ 임원선출은 설립위원 과반수의 출석과 출석 설립위원 과반수의 찬성이 있어야 한다.

④ 지구별수협의 설립에 관하여는 합병설립의 성질에 반하지 아니하는 범위에서 상법을 준용한다.

TIP ④ 지구별수협의 설립에 관하여는 합병설립의 성질에 반하지 아니하는 범위에서 수산업협동조합법의 설립에 관한 규정을 준용한다〈수산업협동조합법 제78조 제5항〉.
  ① 수산업협동조합법 제78조 제1항
  ② 수산업협동조합법 제78조 제3항
  ③ 수산업협동조합법 제78조 제4항

4 다음은 지구별수협의 합병과 분할에 대한 설명이다. 옳지 않은 것은?

① 지구별수협의 합병·분할의 공고, 독촉 및 채권자 이의에 관하여는 해양수산부령으로 정한다.

② 국가는 지구별수협의 합병을 촉진하기 위하여 자금을 지원할 수 있다.

③ 지구별수협이 분할할 때에는 권리의무의 범위를 총회에서 의결해야 한다.

④ 지구별수협의 합병은 합병으로 설립되는 지구별수협이 등기를 함으로써 그 효력을 가진다.

TIP ① 지구별수협의 합병·분할의 공고, 독촉 및 채권자 이의에 관하여는 제74조 제2항 및 제75조를 준용한다 〈수산업협동조합법 제82조〉.
　② 국가와 중앙회는 지구별수협의 합병을 촉진하기 위하여 필요하다고 인정하면 예산의 범위에서 자금을 지원할 수 있다〈수산업협동조합법 제79조〉.
　③ 지구별수협이 분할할 때에는 분할 후 설립되는 조합이 승계하여야 하는 권리의무의 범위를 총회에서 의결하여야 한다〈수산업협동조합법 제80조 제1항〉.
　④ 지구별수협의 합병은 합병 후 존속하거나 합병으로 설립되는 지구별수협이 그 주된 사무소의 소재지에서 등기를 함으로써 그 효력을 가진다〈수산업협동조합법 제83조〉.
　※ 합병으로 인한 권리의무의 승계〈수산업협동조합법 제81조〉
　　㉠ 합병 후 존속하거나 합병으로 설립되는 지구별수협은 소멸되는 지구별수협의 권리의무를 승계한다.
　　㉡ 지구별수협의 합병 후 등기부 및 그 밖의 공적 장부에 표시된 소멸된 지구별수협의 명의는 합병 후 존속하거나 합병으로 설립된 지구별수협의 명의로 본다.

5 지구별수협의 해산사유로 옳지 않은 것은?

① 정관으로 정한 해산 사유의 발생　　② 총회의 의결

③ 조합원 수가 70인 미만인 경우　　④ 설립인가의 취소

TIP 지구별수협의 해산사유〈수산업협동조합법 제84조〉
　㉠ 정관으로 정한 해산 사유의 발생
　㉡ 총회의 의결
　㉢ 합병 또는 분할
　㉣ 조합원 수가 100인 미만인 경우
　㉤ 설립인가의 취소

Answer 1.④ 2.③ 3.④ 4.① 5.③

6 지구별수협이 파산선고를 받을 수 있는 경우로 옳은 것은?

① 조합원이 탈퇴한 수가 많을 때

② 조합이 채무를 다 갚을 수 없게 되었을 때

③ 조합원 3분의 2 이상의 찬성의결이 있을 때

④ 조합장이 이사회의 의결을 거쳐 파산을 신청한 때

TIP 지구별수협이 그 채무를 다 갚을 수 없게 되었을 때에는 법원은 조합장이나 채권자의 청구에 의하여 또는 직권으로 파산을 선고할 수 있다〈수산업협동조합법 제85조〉.

7 지구별수협이 해산하였을 때 기본적으로 청산인이 되는 사람은? (파산으로 인한 경우 제외)

① 중앙회 회장　　　　　　　　　② 조합장

③ 해당구역 지방자치단체장　　　④ 지구별수협의 감사

TIP 지구별수협이 해산하였을 때에는 조합장이 청산인이 된다. 다만, 총회에서 다른 사람을 청산인으로 선임하였을 때에는 그러하지 아니하다〈수산업협동조합법 제86조 제1항〉.

8 설립인가의 취소로 인하여 지구별수협이 해산한 경우에 청산인을 임명할 수 있는 사람은?

① 해양수산부장관　　　　　　　② 중앙회 회장

③ 지구별수협 이사회　　　　　　④ 조합장

TIP 청산인이 결원 상태인 경우 또는 설립인가의 취소로 인하여 지구별수협이 해산한 경우에는 해양수산부장관이 청산인을 임명한다〈수산업협동조합법 제86조 제2항〉.

※ 청산인〈수산업협동조합법 제86조〉

ⓐ 지구별수협이 해산(파산으로 인한 경우는 제외한다)하였을 때에는 조합장이 청산인이 된다. 다만, 총회에서 다른 사람을 청산인으로 선임하였을 때에는 그러하지 아니하다.

ⓑ 청산인이 결원 상태인 경우 또는 설립인가의 취소로 인하여 지구별수협이 해산한 경우에는 해양수산부장관이 청산인을 임명한다.

ⓒ 청산인은 그 직무의 범위에서 조합장과 동일한 권리의무를 가진다.

ⓓ 해양수산부장관은 지구별수협의 청산 사무를 감독한다.

9 다음 중 청산인의 직무로 옳지 않은 것은

① 재산처분방법을 정해서 총회에 제출하여 승인을 받아야 한다.

② 취임 후 지체 없이 재산 상황을 조사한다.

③ 재산 상황 조사한 후 재산목록 및 재무상태표를 작성한다.

④ 중앙회 회장의 승인으로 총회의 승인을 갈음할 수 있다

TIP 청산인의 직무〈수산업협동조합법 제87조〉
　ⓒ 청산인은 취임 후 지체 없이 재산 상황을 조사하고 재산목록 및 재무상태표를 작성하여 재산 처분 방법을
　　 정한 후 이를 총회에 제출하여 승인을 받아야 한다.
　ⓒ 승인을 받기 위하여 2회 이상 총회를 소집하여도 총회가 구성되지 아니하여 총회의 승인을 받을 수 없을
　　 때에는 해양수산부장관의 승인으로 총회의 승인을 갈음할 수 있다.

10 다음 중 청산에 대한 설명으로 옳지 않은 것은?

① 청산인은 지구별수협의 채무변제에 필요한 금액을 재산으로 분배할 수 있다.

② 해산한 지구별수협의 청산 후 남은 재산은 따로 법률로 정하는 것 외에는 정관으로 정하는 바에
　 따라 처분한다.

③ 청산 사무가 끝나면 청산인은 지체 없이 결산보고서를 작성하고 이를 총회에 제출하여 승인을 받
　 아야 한다.

④ 지구별수협의 해산과 청산에 관하여는 민법을 준용한다.

TIP ① 청산인은 지구별수협의 채무를 변제하거나 변제에 필요한 금액을 공탁한 후가 아니면 그 재산을 분배할
　　 수 없다〈수산업협동조합법 제89조〉.
　② 수산업협동조합법 제88조
　③ 수산업협동조합법 제90조
　④ 수산업협동조합법 제91조

08 〈 등기

1 출자금납입이 완료된 날을 기준으로 지구별수협이 주된 사무소의 소재지에서 설립등기를 해야 하는 기한은?

① 1주 이내
② 2주 이내
③ 3주 이내
④ 4주 이내

TIP 지구별수협은 출자금의 납입이 완료된 날부터 2주 이내에 주된 사무소의 소재지에서 설립등기를 하여야 한다〈수산업협동조합법 제92조 제1항〉.

2 다음 중 설립등기신청서에 적어야 할 사항으로 옳지 않은 것은?

① 목적, 명칭, 구역, 주된 사무소의 소재지
② 출자 1계좌의 금액과 그 납입 방법
③ 설립인가 연월일
④ 조합원의 성명·주민등록번호 및 주소

TIP 설립등기신청서에 적여야 할 사항〈수산업협동조합법 제92조 제2항〉
　　㉠ 목적, 명칭, 구역, 주된 사무소의 소재지
　　㉡ 존립시기 또는 해산의 사유를 정한 경우에는 그 시기 또는 사유
　　㉢ 설립 후 현물출자를 약정한 경우에는 그 출자 재산의 명칭·수량·가격 및 출자자의 성명·주소와 현금출자로의 전환 및 환매특약 조건
　　㉣ 설립 후 양수하기로 약정한 재산이 있는 경우에는 그 재산의 명칭·수량·가격과 양도인의 성명·주소
　　㉤ 총 출자계좌 수와 납입출자금의 총액, 출자 1계좌의 금액과 그 납입 방법
　　㉥ 설립인가 연월일
　　㉦ 임원의 성명·주민등록번호 및 주소
　　※ 조합장이 설립등기의 신청인이 된다〈수산업협동조합법 제92조 제3항〉.

3 다음 중 설립등기신청서에 첨부해야 할 서류로 옳지 않은 것은?

① 창립총회의사록
② 정관의 사본
③ 지구별수협 등기부등본
④ 설립인가서

TIP 설립등기신청서에는 설립인가서, 창립총회의사록 및 정관의 사본을 첨부하여야 한다〈수산업협동조합법 제92조 제4항〉.

4 지구별수협이 지사무소를 설치한 경우 주된 사무소의 소재지에서 등기를 해야 하는 기한은?

① 1주 이내   ② 2주 이내

③ 3주 이내   ④ 4주 이내

TIP 지사무소의 설치등기 … 지구별수협의 지사무소를 설치한 경우 주된 사무소의 소재지에서는 2주 이내에, 지사무소의 소재지에서는 3주 이내에 등기를 하여야 한다〈수산업협동조합법 제93조 제1항〉.

※ 조합장이 설치등기를 할 때에는 조합장이 신청인이 된다〈수산업협동조합법 제93조 제2항〉

5 합병 또는 분할로 인한 지구별수협의 설립등기신청서에 첨부해야 할 서류로 옳지 않은 것은?

① 지구별수협의 임원명부

② 이의를 제기한 채권자에게 담보를 제공한 사실을 증명하는 서류

③ 창립총회의사록 및 정관의 사본

④ 합병·분할을 공고하거나 독촉한 사실을 증명하는 서류

TIP 합병 또는 분할로 인한 지구별수협의 설립등기신청서에 첨부해야 할 서류〈수산업협동조합법 제92조 제5항〉
     ㉠ 설립인가서, 창립총회의사록 및 정관의 사본
     ㉡ 합병·분할을 공고하거나 독촉한 사실을 증명하는 서류
     ㉢ 이의를 제기한 채권자에게 변제나 담보를 제공한 사실을 증명하는 서류

6 지구별수협이 사무소를 이전한 경우 전 소재지와 현 소재지에서 이전등기를 해야 하는 기한은?

① 1주 이내   ② 2주 이내

③ 3주 이내   ④ 4주 이내

TIP 사무소의 이전등기 … 지구별수협이 사무소를 이전한 경우에는 전 소재지와 현 소재지에서 3주 이내에 각각 이전등기를 하여야 한다〈수산업협동조합법 제94조 제1항〉.

※ 조합장이 이전등기의 신청인이 된다〈수산업협동조합법 제94조 제2항〉.

Answer   1.②   2.④   3.③   4.②   5.①   6.③

7 설립등기신청서에 적여야 할 사항이 변경된 경우 변경등기를 해야 하는 기한은?

① 1주 이내   ② 2주 이내

③ 3주 이내   ④ 4주 이내

TIP 설립등기신청서에 적여야 할 사항(제92조 제2항)이 변경된 경우에는 주된 사무소 및 해당 지사무소의 소재지에서 각각 3주 이내에 변경등기를 하여야 한다〈수산업협동조합법 제95조 제1항〉.

　※ **설립등기신청서에 적여야 할 사항**〈수산업협동조합법 제92조 제2항〉
　　　㉠ 목적, 명칭, 구역, 주된 사무소의 소재지
　　　㉡ 존립시기 또는 해산의 사유를 정한 경우에는 그 시기 또는 사유
　　　㉢ 설립 후 현물출자를 약정한 경우에는 그 출자 재산의 명칭·수량·가격 및 출자자의 성명·주소와 현금출자로의 전환 및 환매특약 조건
　　　㉣ 설립 후 양수하기로 약정한 재산이 있는 경우에는 그 재산의 명칭·수량·가격과 양도인의 성명·주소
　　　㉤ 총 출자계좌 수와 납입출자금의 총액, 출자 1계좌의 금액과 그 납입 방법
　　　㉥ 설립인가 연월일
　　　㉦ 임원의 성명·주민등록번호 및 주소

8 총 출자계좌 수와 납입출자금의 총액에 관한 변경등기의 기한은?

① 회계연도 말을 기준으로 그 회계연도가 끝난 후 1개월 이내

② 회계연도 말을 기준으로 그 회계연도가 끝난 후 2개월 이내

③ 회계연도 말을 기준으로 그 회계연도가 끝난 후 3개월 이내

④ 회계연도 말을 기준으로 그 회계연도가 끝난 후 4개월 이내

TIP 총 출자계좌 수와 납입출자금의 총액에 관한 변경등기는 회계연도 말을 기준으로 그 회계연도가 끝난 후 3개월 이내에 하여야 한다〈수산업협동조합법 제95조 제2항〉.

　※ 조합장은 변경등기의 신청인이 된다〈수산업협동조합법 제95조 제3항〉.

9 합병 또는 분할로 인한 변경등기신청서에 첨부해야 할 서류로 옳지 않은 것은?

① 등기사항의 변경을 증명하는 서류

② 이의가 있는 채권자는 이의를 제기하라는 취지를 공고한 사실을 증명하는 서류

③ 이의를 제기한 채권자에게 변제나 담보를 제공한 사실을 증명하는 서류

④ 출자금액의 감소 의결에 대한 이의가 정상적으로 접수되었음을 증명하는 서류

TIP 출자감소·합병 또는 분할로 인한 변경등기신청서에 첨부해야 할 서류〈수산업협동조합법 제95조 제5항〉
　ⓐ 등기사항의 변경을 증명하는 서류
　ⓑ 출자금액의 감소 의결에 대하여 이의가 있는 채권자는 이의를 제기하라는 취지를 공고하거나 독촉한 사실을 증명하는 서류
　ⓒ 이의를 제기한 채권자에게 변제나 담보를 제공한 사실을 증명하는 서류
　※ 조합장이 변경등기를 신청할 때에는 등기사항의 변경을 증명하는 서류를 첨부하여야 한다〈수산업협동조합법 제95조 제4항〉.

10 행정구역의 지명이 변경된 경우 지구별수협이 해야 할 조치로 옳은 것은?

① 변경된 지명을 반영하여 정관을 다시 작성해야 한다.

② 지체 없이 이를 등기소에 통지하여야 한다.

③ 변경된 지명을 반영하기 위해 총회를 소집해야 한다.

④ 변경된 지명을 공고만 하면 된다.

TIP 행정구역의 지명 변경과 등기〈수산업협동조합법 제96조〉
　ⓐ 행정구역의 지명이 변경된 경우에는 등기부 및 정관에 기재된 해당 지구별수협의 사무소의 소재지와 구역에 관한 지명도 변경된 것으로 본다.
　ⓑ 변경이 있으면 지구별수협은 지체 없이 이를 등기소에 통지하여야 한다.
　ⓒ 등기소는 통지를 받으면 등기부의 기재 내용을 변경하여야 한다.

Answer　7.③ 8.③ 9.④ 10.②

11 다음은 합병등기에 대한 법조항이다. (   ) 안에 알맞은 것을 고르면?

> • 지구별수협이 합병하였을 때에는 해양수산부장관이 합병인가를 한 날부터 2주 이내에 합병 후 존속하는 지구별수협은 (㉠   )를, 합병으로 소멸되는 지구별수협은 (㉡   )를, 합병으로 설립되는 지구별수협은 (㉢   )를 각각 그 사무소의 소재지에서 하여야 한다.
> • 조합장이 해산등기를 신청할 때에는 해산 사유를 증명하는 서류를 첨부하여야 한다.

① ㉠ 합병등기, ㉡ 해산등기, ㉢ 설립등기
② ㉠ 해산등기, ㉡ 설립등기, ㉢ 변경등기
③ ㉠ 설립등기, ㉡ 합병등기, ㉢ 변경등기
④ ㉠ 변경등기, ㉡ 해산등기, ㉢ 설립등기

TIP 지구별수협이 합병하였을 때에는 해양수산부장관이 합병인가를 한 날부터 2주 이내에 합병 후 존속하는 지구별수협은 변경등기를, 합병으로 소멸되는 지구별수협은 해산등기를, 합병으로 설립되는 지구별수협은 설립등기를 각각 그 사무소의 소재지에서 하여야 한다〈수산업협동조합법 제97조 제1항〉.

12 다음 중 합병으로 소멸되는 지구별수협의 해산등기의 신청인은?

① 중앙회의 회장
② 합병 후 존속하는 지구별수협의 조합장
③ 합병으로 소멸되는 지구별수협의 조합장
④ 총회에서 선임한 대표

TIP 합병으로 소멸되는 지구별수협의 조합장이 해산등기의 신청인이 된다〈수산업협동조합법 제97조 제2항〉.

※ 조합장이 해산등기를 신청할 때에는 해산 사유를 증명하는 서류를 첨부하여야 한다〈수산업협동조합법 제97조 제3항〉.

13 다음은 해산등기에 대한 법조항이다. (   ) 안에 알맞은 것은?

> • 지구별수협이 해산(합병과 파산으로 인한 경우는 제외한다)하였을 때에는 주된 사무소의 소재지에서는 (㉠)에, 지사무소의 소재지에서는 (㉡)에 해산등기를 하여야 한다.
> • (㉢)이 해산등기의 신청인이 된다.
> • 청산인이 해산등기를 신청할 때에는 해산등기신청서에 해산사유를 증명하는 서류를 첨부하여야 한다.
> • 해양수산부장관은 설립인가를 취소하였을 때에는 지체 없이 해산등기를 (㉣)하여야 한다.

① ㉠ 2주 이내, ㉡ 3주 이내, ㉢ 청산인, ㉣ 촉탁
② ㉠ 2주 이내, ㉡ 3주 이내, ㉢ 조합장, ㉣ 신청
③ ㉠ 3주 이내, ㉡ 2주 이내, ㉢ 청산인, ㉣ 촉탁
④ ㉠ 2주 이내, ㉡ 2주 이내, ㉢ 조합장, ㉣ 신청

TIP 해산등기〈수산업협동조합법 제98조〉
　　㉠ 지구별수협이 해산(합병과 파산으로 인한 경우는 제외한다)하였을 때에는 주된 사무소의 소재지에서는 2주 이내에, 지사무소의 소재지에서는 3주 이내에 해산등기를 하여야 한다.
　　㉡ ㉣의 경우를 제외하고는 청산인이 해산등기의 신청인이 된다.
　　㉢ 청산인이 해산등기를 신청할 때에는 해산등기신청서에 해산 사유를 증명하는 서류를 첨부하여야 한다.
　　㉣ 해양수산부장관은 설립인가를 취소하였을 때에는 지체 없이 해산등기를 촉탁하여야 한다.

14 주된 사무소의 소재지에서 성명·주민등록번호 및 주소를 취임한 날부터 2주 이내에 해야 하는 등기는?

① 청산인등기
② 설립등기
③ 변경등기
④ 청산종결등기

TIP 청산인등기〈수산업협동조합법 제99조〉
　　㉠ 청산인은 취임한 날부터 2주 이내에 주된 사무소의 소재지에서 그 성명·주민등록번호 및 주소를 등기하여야 한다.
　　㉡ 청산인등기를 할 때 조합장이 청산인이 아닌 경우에는 신청인의 자격을 증명하는 서류를 첨부하여야 한다.

Answer　　11.④ 12.③ 13.① 14.①

15 다음 중 청산종결등기에 대한 설명으로 옳지 않은 것은?

① 청산종결등기는 청산인이 해야한다.
② 청산이 끝나면 주된 사무소의 소재지에서는 3주 이내에 청산종결등기를 해야 한다.
③ 청산종결등기를 신청할 때에는 등기신청서에 결산보고서의 승인증명서류를 첨부해야 한다.
④ 청산이 끝나면 지사무소의 소재지에서는 3주 이내에 청산종결등기를 해야 한다.

TIP 청산종결등기〈수산업협동조합법 제100조〉
    ㉠ 청산이 끝나면 청산인은 주된 사무소의 소재지에서는 2주 이내에, 지사무소의 소재지에서는 3주 이내에 청산종결의 등기를 하여야 한다.
    ㉡ 청산인이 청산종결의 등기를 신청할 때에는 등기신청서에 결산보고서의 승인을 증명하는 서류를 첨부하여야 한다.

16 다음 중 등기사항으로서 해양수산부장관의 인가·승인 등을 받아야 할 때의 등기일의 기산일은?

① 인가·승인 신청을 한 날부터
② 인가·승인 절차를 시작한 날부터
③ 인가·승인 등의 문서가 도달한 날부터
④ 등기소에 신청서를 제출한 날부터

TIP 등기일의 기산일 … 등기사항으로서 해양수산부장관의 인가·승인 등을 받아야 하는 것은 그 인가·승인 등의 문서가 도달한 날부터 등기기간을 계산한다〈수산업협동조합법 제101조〉.

17 다음 중 지구별수협의 등기와 관련이 없는 법령은?

① 수산업협동조합법   ② 상업등기법

③ 비송사건절차법   ④ 상법

TIP 지구별수협의 등기에 관하여 수산업협동조합법에서 정한 사항을 제외하고는 「비송사건절차법」 및 「상업등기법」 중 등기에 관한 규정을 준용한다〈수산업협동조합법 제103조〉.

    ※ 등기소는 지구별 수산업협동조합등기부를 갖추어 두어야 한다〈수산업협동조합법 제102조〉.

03 업종별 수산업협동조합

1 업종별수협의 목적에 해당하지 않는 것은?

① 어업을 경영하는 조합원의 생산성 향상

② 조합원이 생산한 수산물의 판로 확대

③ 조합원의 문화활동을 위한 체육시설 건립

④ 조합원에게 필요한 자금 · 자재 · 기술 및 정보제공

TIP 업종별수협의 목적 … 업종별 수산업협동조합(이하 이 장에서 "업종별수협"이라 한다)은 어업을 경영하는 조합
원의 생산성을 높이고 조합원이 생산한 수산물의 판로 확대 및 유통 원활화를 도모하며, 조합원에게 필요한
자금 · 자재 · 기술 및 정보 등을 제공함으로써 조합원의 경제적 · 사회적 · 문화적 지위 향상을 증대함을 목적
으로 한다〈수산업협동조합법 제104조〉.

2 업종별수협의 구역 및 지사무소를 정하는 기준을 설명한 것으로 옳은 것은?

① 구역은 조합원의 의결로 정하고 지사무소는 해양수산부장관의 승인을 받아야 한다.

② 구역과 지사무소 모두 총회의 결의에 따라 정한다.

③ 구역은 정관으로 정하고 지사무소는 해양수산부장관이 지정한다.

④ 구역과 지사무소 모두 정관으로 정한다.

TIP 구역 및 지사무소〈수산업협동조합법 제105조〉
ㄱ 업종별수협의 구역은 정관으로 정한다.
ㄴ 업종별수협은 정관으로 정하는 바에 따라 지사무소를 둘 수 있다.

3 다음 밑줄 친 부분에서 정하는 어업을 보기에서 모두 고르면?

> 업종별수협의 조합원은 그 구역에 주소·거소 또는 사업장이 있는 자로서 <u>대통령령으로 정하는 종류의 어업</u>을 경영하는 어업인이어야 한다.

㉠ 정치망어업　　　　　　　　　　　㉡ 동해구외끌이중형저인망어업
㉢ 근해통발어업　　　　　　　　　　㉣ 근해장어통발어업
㉤ 잠수기어업　　　　　　　　　　　㉥ 대형선망어업

---

① ㉠㉡㉢㉣㉤　　　　　　　　　　② ㉠㉡㉢㉣㉥
③ ㉡㉢㉣㉤㉥　　　　　　　　　　④ ㉠㉡㉢㉣㉤㉥

TIP ㉠㉡㉢㉣㉤㉥는 대통령령으로 정하는 종류의 어업에 포함된다〈수산업협동조합법 시행령 제22조〉.

　※ **업종별수협의 조합원 자격**〈수산업협동조합법 시행령 제22조〉
　　㉠ 정치망어업
　　㉡ 외끌이대형저인망어업, 쌍끌이대형저인망어업
　　㉢ 동해구외끌이중형저인망어업, 서남해구외끌이중형저인망어업, 서남해구쌍끌이중형저인망어업
　　㉣ 대형트롤어업, 동해구중형트롤어업
　　㉤ 대형선망어업, 근해자망어업, 근해안강망어업(어선의 규모가 30톤 이상인 어업으로 한정한다)
　　㉥ 근해장어통발어업, 근해통발어업
　　㉦ 기선권현망어업, 잠수기어업
　　㉧ 양식방법으로 어류 등을 양식하거나 어류등의 종자를 생산하는 어업 : 가두리식, 축제식, 수조식, 연승식, 살포식·투석식·침하식
　　㉨ 양식방법으로 패류를 양식하거나 패류의 종자를 생산하는 어업 : 간이식·연승식·뗏목식, 살포식·투석식·침하식, 가두리식
　　㉩ 양식방법으로 해조류를 양식하거나 해조류의 종자를 생산하는 어업 : 건홍식·연승식, 투석식
　　㉪ 내수면에서 뱀장어 등 수산동식물을 포획·채취하거나 양식·종자생산하는 어업

Answer　　1.③　2.④　3.④

4 업종별수협의 조합원 자격에 관한 설명으로 옳은 것은?

① 업종별수협의 조합원은 대한민국 국민이면 누구나 될 수 있다.

② 업종별수협의 조합원은 그 구역에 주소, 거소 또는 사업장이 있는 어업인이어야 한다.

③ 업종별수협의 조합원 자격을 가진 자는 여러 업종별수협에 동시에 가입할 수 있다.

④ 업종별수협의 조합원은 어업을 경영하지 않아도 된다.

TIP 조합원의 자격〈수산업협동조합법 제106조 제1항〉

　　㉠ 업종별수협의 조합원은 그 구역에 주소·거소 또는 사업장이 있는 자로서 대통령령으로 정하는 종류의 어업을 경영하는 어업인이어야 한다.

　　㉡ 업종별수협의 조합원 자격을 가진 자 중 단일 어업을 경영하는 자는 해당 업종별수협에만 가입할 수 있다.

5 업종별수협이 수행할 수 있는 사업을 모두 고르면?

㉠ 공제사업	㉡ 운송사업
㉢ 후생복지사업	㉣ 경제사업
㉤ 차관사업	㉥ 교육 · 지원 사업

① ㉠㉡㉢㉣㉤　　　　　　　　　　② ㉠㉡㉢㉤㉥

③ ㉡㉢㉣㉤㉥　　　　　　　　　　④ ㉠㉡㉢㉣㉤㉥

TIP 업종별수협이 그 목적을 달성하기 위해 수행할 수 있는 사업〈수산업협동조합법 제107조 제1항〉

　　㉠ 교육 · 지원 사업

　　㉡ 경제사업 및 공제사업

　　㉢ 후생복지사업 및 운송사업

　　㉣ 국가, 공공단체, 중앙회, 수협은행 또는 다른 조합이 위탁하거나 보조하는 사업

　　㉤ 다른 경제단체 · 사회단체 및 문화단체와의 교류 · 협력

　　㉥ 다른 조합 · 중앙회 또는 다른 법률에 따른 협동조합과의 공동사업 및 업무의 대리

　　㉦ 다른 법령에서 업종별수협의 사업으로 정하는 사업

　　㉧ 업종별수협이 수행할 수 있는 사업에 관련된 대외무역

　　㉨ 차관사업

　　㉩ 업종별수협이 수행할 수 있는 사업에 부대하는 사업

　　㉪ 업종별수협의 목적 달성에 필요한 사업으로서 중앙회의 회장의 승인을 받은 사업

6 업종별수협이 수행할 수 있는 사업 중 교육 · 지원사업에 속하지 않는 사업은?

① 보관 · 판매 및 검사사업
② 수산종자의 생산 및 보급
③ 어업질서 유지
④ 어업에 관한 조사 · 연구

TIP ①은 업종별수협이 수행할 수 있는 사업 중 경제사업에 포함된다〈수산업협동조합법 제107조 제1항 제2호〉.

7 업종별수협이 수행할 수 있는 사업 중 교육 · 지원사업 분야로 옳지 않은 것은?

① 어장개발 및 어장환경의 보전 · 개선
② 어촌지도자 및 후계어업경영인 발굴 · 육성과 수산기술자 양성
③ 생활환경 개선과 문화 향상을 위한 교육 및 지원과 시설의 설치 · 운영
④ 조합원의 사업 또는 생활에 필요한 공동시설의 운영 및 기자재의 임대사업

TIP 교육 · 지원사업〈수산업협동조합법 제107조 제1항 제1호〉
　　　ㄱ 수산종자의 생산 및 보급
　　　ㄴ 어장개발 및 어장환경의 보전 · 개선
　　　ㄷ 어업질서 유지
　　　ㄹ 어업권 · 양식업권과 어업피해 대책 및 보상 업무 추진
　　　ㅁ 어촌지도자 및 후계어업경영인 발굴 · 육성과 수산기술자 양성
　　　ㅂ 어업생산의 증진과 경영 능력의 향상을 위한 상담 및 교육훈련
　　　ㅅ 생활환경 개선과 문화 향상을 위한 교육 및 지원과 시설의 설치 · 운영
　　　ㅇ 어업 및 어촌생활 관련 정보의 수집 및 제공
　　　ㅈ 조합원의 노동력 또는 어촌의 부존자원을 활용한 관광사업 등 어가 소득증대사업
　　　ㅊ 외국의 협동조합 및 도시와의 교류 촉진을 위한 사업
　　　ㅋ 어업에 관한 조사 · 연구
　　　ㅌ 각종 사업과 관련한 교육 및 홍보
　　　ㅍ 그 밖에 정관으로 정하는 사업

8 업종별수협이 수행할 수 있는 사업 중 경제사업으로 옳지 않은 것은?

① 구매사업

② 수산물 유통조절 및 비축사업

③ 어업 및 어촌생활 관련 정보의 수집 및 제공

④ 이용 · 제조 및 가공사업

TIP 경제사업⟨수산업협동조합법 제107조 제1항 제2호⟩
   ㉠ 구매사업
   ㉡ 보관 · 판매 및 검사사업
   ㉢ 이용 · 제조 및 가공(수산물의 처리를 포함한다) 사업
   ㉣ 수산물 유통조절 및 비축사업
   ㉤ 조합원의 사업 또는 생활에 필요한 공동시설의 운영 및 기자재의 임대사업

9 업종별수협이 수행할 수 있는 사업 중 후생복지사업에 속하는 사업은?

① 사회복지시설 건설사업

② 의료지원사업

③ 어촌생활 관련 정보의 수집 및 제공사업

④ 의료기관설립사업

TIP 후생복지사업⟨수산업협동조합법 제107조 제1항 제4호⟩
   ㉠ 사회 · 문화 복지시설의 설치 · 운영 및 관리
   ㉡ 의료지원사업

10 업종별수협이 조합원이 아닌 자가 다음에 해당하는 사업을 이용할 경우 각 사업별로 이용을 제한할 수 있는 범위는?

　㉠ 교육·지원 사업, 의료지원사업

　㉡ 다른 경제단체·사회단체 및 문화단체와의 교류·협력

　㉢ 다른 조합·중앙회 또는 다른 법률에 따른 협동조합과의 공동사업 및 업무의 대리

　㉣ 다른 법령에서 업종별수협의 사업으로 정하는 사업

　㉤ 업종별수협이 수행하는 사업에 부대하는 사업

　㉥ 신용사업(대출만 해당한다)

---

① 그 회계연도 사업량의 2분의 1의 범위

② 그 회계연도 사업량의 3분의 1의 범위

③ 그 회계연도 사업량의 3분의 2의 범위

④ 그 회계연도 사업량의 4분의 1의 범위

TIP 업종별수협은 조합원이 아닌 자가 ㉠㉡㉢㉣㉤㉥에 해당하는 사업을 이용하는 경우 각 사업별로 그 회계연도 사업량의 3분의 1의 범위에서 그 이용을 제한할 수 있다〈수산업협동조합법 시행령 제20조의2 제2항〉.

Answer　8.③　9.②　10.②

CHAPTER 04 수산물가공 수산업협동조합

1 다음 중 수산물가공수협의 목적에 해당하지 않는 것은?

① 조합원의 취미활동을 위한 레저시설 제공
② 조합원이 생산한 가공품의 판로 확대 및 유통 원활화
③ 수산물가공업을 경영하는 조합원의 생산성 향상
④ 조합원에게 필요한 기술 · 자금 및 정보 제공

TIP 수산물가공수협의 목적 … 수산물가공 수산업협동조합(이하 이 장에서 "수산물가공수협"이라 한다)은 수산물가공업을 경영하는 조합원의 생산성을 높이고 조합원이 생산한 가공품의 판로 확대 및 유통 원활화를 도모하며, 조합원에게 필요한 기술 · 자금 및 정보 등을 제공함으로써 조합원의 경제적 · 사회적 · 문화적 지위 향상을 증대함을 목적으로 한다〈수산업협동조합법 제109조〉.

2 다음 중 수산물가공수협에 대한 설명으로 옳지 않은 것은?

① 수산물가공수협은 정관으로 정하는 바에 따라 지사무소를 둘 수 있다.
② 수산물가공수협의 구역은 정관으로 정한다.
③ 수산물가공수협의 조합원은 대통령령으로 정하는 종류의 수산물가공업을 경영해야 한다.
④ 수산물가공수협의 조합원은 해당 구역에 10년 이상 거소한 자여야 한다.

TIP ③④ 수산물가공수협의 조합원은 그 구역에 주소 · 거소 또는 사업장이 있는 자로서 대통령령으로 정하는 종류의 수산물가공업을 경영하는 자여야 한다〈수산업협동조합법 제111조〉.
① 수산업협동조합법 제110조 제2항
② 수산업협동조합법 제110조 제1항

3 다음 중 수산물가공수협의 조합원의 자격이 없는 사람은?

① 등록된 공장면적이 200제곱미터 이상인 공장에서 해조류가공업을 경영하는 자

② 수산물통조림가공업을 경영하는 자

③ 등록된 공장면적이 300제곱미터 이상인 공장에서 수산물건제품가공업을 경영하는 자

④ 수산물냉동·냉장업을 경영하는 자

TIP 수산물가공수협의 조합원 자격〈수산업협동조합법 시행령 제23조〉
    ㉠ 수산물냉동·냉장업을 경영하는 자(해당 사업장에서 수산물과 농산물·축산물 또는 임산물을 함께 냉동·냉장하는 경우를 포함한다)
    ㉡ 수산물통조림가공업을 경영하는 자(해당 사업장에서 수산물과 농산물·축산물 또는 임산물을 원료로 하거나 함께 혼합하여 통조림 가공을 하는 경우를 포함한다)
    ㉢ 수산물건제품가공업을 경영하는 자(해당 사업장의 공장 면적이 330제곱미터 이상으로 등록되어 있는 경우만 해당한다)
    ㉣ 해조류가공업을 경영하는 자(해당 사업장의 공장 면적이 200제곱미터 이상으로 등록되어 있는 경우만 해당한다)

4 수산물가공수협이 수행할 수 있는 사업으로 옳지 않은 것은?

① 차관사업　　　　　　　　　　② 선박건조사업

③ 후생복지사업　　　　　　　　④ 공공단체가 위탁하는 사업

TIP 수산물가공수협이 그 목적을 달성하기 위해 수행할 수 있는 사업〈수산업협동조합법 제112조 제1항〉
    ㉠ 교육·지원 사업
    ㉡ 경제사업 및 공제사업
    ㉢ 후생복지사업 및 운송사업
    ㉣ 국가, 공공단체, 중앙회, 수협은행 또는 다른 조합이 위탁하거나 보조하는 사업
    ㉤ 다른 경제단체·사회단체 및 문화단체와의 교류·협력
    ㉥ 다른 조합·중앙회 또는 다른 법률에 따른 협동조합과의 공동사업 및 업무의 대리
    ㉦ 다른 법령에서 수산물가공수협의 사업으로 정하는 사업
    ㉧ 수산물가공수협이 수행할 수 있는 사업에 관련된 대외무역
    ㉨ 차관사업
    ㉩ 수산물가공수협이 수행할 수 있는 사업에 부대하는 사업
    ㉺ 그 밖에 수산물가공수협의 목적 달성에 필요한 사업으로서 중앙회의 회장의 승인을 받은 사업

Answer 　1.① 2.④ 3.③ 4.②

04. 수산물가공 수산업협동조합 ≫ 111

5 수산물가공수협이 수행할 수 있는 사업 중 교육·지원사업에 속하지 않는 것은?

① 각종 사업과 관련한 교육 및 홍보

② 생산력 증진과 경영 능력의 향상을 위한 교육훈련

③ 신제품의 개발·보급 및 기술 확산

④ 유통조절 및 비축사업

TIP 교육·지원사업〈수산업협동조합법 제112조 제1항 제1호〉
　　㉠ 생산력 증진과 경영 능력의 향상을 위한 교육훈련
　　㉡ 조합원에게 필요한 정보의 수집 및 제공
　　㉢ 신제품의 개발·보급 및 기술 확산
　　㉣ 각종 사업과 관련한 교육 및 홍보
　　㉤ 그 밖에 정관으로 정하는 사업

6 수산물가공수협이 수행할 수 있는 사업 중 경제사업에 포함되지 않는 사업은?

① 신제품의 개발사업　　　　　　② 이용·제조 및 가공사업

③ 보관·판매사업　　　　　　　　④ 구매사업

TIP 경제사업〈수산업협동조합법 제112조 제1항 제2호〉
　　㉠ 구매사업
　　㉡ 보관·판매 및 검사사업
　　㉢ 이용·제조 및 가공사업
　　㉣ 유통조절 및 비축사업

7 수산물가공수협이 수행할 수 있는 사업 중 후생복지사업으로 옳은 것은?

① 건강검진사업　　　　　　　　② 대형병원 연계사업

③ 사회·문화 복지시설의 운영　④ 위생사업

TIP 후생복지사업〈수산업협동조합법 제112조 제1항 제4호〉
　　㉠ 사회·문화 복지시설의 설치·운영 및 관리
　　㉡ 의료지원사업

8 수산물가공수협이 비조합원에게 이용을 제한할 수 있는 사업으로 옳지 않은 것은?

① 의료지원사업

② 운송사업

③ 사회단체와의 교류 · 협력사업

④ 교육 · 지원 사업

TIP 수산물가공수협의 조합원이 아닌 자의 이용을 제한할 수 있는 사업〈수산업협동조합법 제112조 제2항〉
  ㉠ 교육 · 지원 사업
  ㉡ 의료지원사업
  ㉢ 다른 경제단체 · 사회단체 및 문화단체와의 교류 · 협력
  ㉣ 다른 조합 · 중앙회 또는 다른 법률에 따른 협동조합과의 공동사업 및 업무의 대리
  ㉤ 다른 법령에서 수산물가공수협의 사업으로 정하는 사업
  ㉥ 수산물가공수협이 수행할 수 있는 사업에 부대하는 사업

조합공동사업법인

1 다음은 조합공동사업법인의 목적이다. (　　) 안에 알맞은 내용은?

> 조합공동사업법인은 사업의 공동수행을 통하여 수산물의 판매 · 유통 · 가공 등과 관련된 사업을 활성화
> 함으로써 수산업의 경쟁력강화와 어업인의 (　　)에 기여하는 것을 목적으로 한다.

① 이익증진   ② 여가활동

③ 지역경제   ④ 건강증진

TIP 조합공동사업법인의 목적 … 조합공동사업법인은 사업의 공동수행을 통하여 수산물의 판매 · 유통 · 가공 등과
관련된 사업을 활성화함으로써 수산업의 경쟁력 강화와 어업인의 이익 증진에 기여하는 것을 목적으로 한다
〈수산업협동조합법 제113조의2〉

2 조합공동사업법인에 대한 설명으로 옳지 않은 것은?

① 조합공동사업법인은 법인으로 한다.

② 조합공동사업법인은 명칭 중에 지역명을 붙여야 한다.

③ 다른조합이 대표이사의 동의를 얻은 경우 조합공동사업법인의 명칭을 사용할 수 있다.

④ 사업명을 붙인 조합공동사업법인의 명칭을 사용해야 한다.

TIP 조합공동사업법인〈수산업협동조합법 제113조의3〉
　　㉠ 수산업협동조합법에 따라 설립되는 조합공동사업법인은 법인으로 한다.
　　㉡ 조합공동사업법인은 그 명칭 중에 지역명이나 사업명을 붙인 조합공동사업법인의 명칭을 사용하여야 한다.
　　㉢ 수산업협동조합법에 따라 설립된 조합공동사업법인이 아니면 제2항에 따른 명칭 또는 이와 유사한 명칭을
　　　사용하지 못한다.

3 조합공동사업법인의 회원의 자격이 다른 하나는?

① 조합

② 영어조합법인

③ 다른 조합공동사업법인

④ 어업회사법인

TIP 조합공동사업법인의 회원은 조합, 중앙회, 영어조합법인, 어업회사법인으로 하며, 다른 조합공동사업법인을 준회원으로 한다〈수산업협동조합법 제113조의4 제1항〉.

4 조합공동사업법인의 회원이 되기 위한 요건으로 옳지 않은 것은?

① 회원이 되려는 자는 출자를 해야 한다.

② 조합이 아닌 회원이 출자한 총액은 조합공동사업법인 출자 총액의 50% 미만으로 한다.

③ 회원은 출자액과 관계없이 의결권을 가진다.

④ 준회원에 대하여 정관으로 정하는 바에 따라 가입금 및 경비를 부담하게 할 수 있다.

TIP ③ 회원은 출자액에 비례하여 의결권을 가진다〈수산업협동조합법 제113조의4 제3항〉.

※ 조합공동사업법인의 회원이 되려는 자는 정관으로 정하는 바에 따라 출자하여야 하며, 조합공동사업법인은 준회원에 대하여 정관으로 정하는 바에 따라 가입금 및 경비를 부담하게 할 수 있다. 다만, 조합이 아닌 회원이 출자한 총액은 조합공동사업법인 출자 총액의 100분의 50(중앙회는 100분의 30) 미만으로 한다〈수산업협동조합법 제113조의4 제2항〉.

5 조합공동사업법인 회원의 자격을 가진 자가 조합공동사업법인에 가입할 경우에 첨부해야 할 서류로 옳지 않은 것은?

① 인수하려는 출자계좌 수를 적은 서면

② 법인 등기사항증명서 및 정관

③ 재무상태표

④ 국세 및 지방세 완납증명서

TIP 조합공동사업법인 회원의 자격을 가진 자가 조합공동사업법인에 가입할 경우에 첨부해야 할 서류〈수산업협동조합법 시행규칙 제9조의4〉

㉠ 법인 등기사항증명서

㉡ 정관

㉢ 인수하려는 출자계좌 수를 적은 서면

㉣ 조합공동사업법인에 가입을 의결한 총회의사록(이사회의 의결이 필요한 경우에는 이사회의사록을 말한다)

㉤ 재무상태표

Answer 1.① 2.③ 3.③ 4.③ 5.④

6 조합공동사업법인의 설립절차에 대한 설명으로 옳지 않은 것은?

① 조합공동사업법인의 설립을 위해서는 회원자격을 가진 셋 이상의 조합이나 조합과 중앙회가 발기인이 되어야 한다.

② 창립총회의 의사는 개의 전까지 발기인에게 설립동의서를 제출한 자 과반수의 찬성으로 의결한다.

③ 정관을 작성하고 창립총회의 의결을 거친 후 해양수산부장관의 인가를 받아야 한다.

④ 출자금 등 인가에 필요한 기준과 절차는 대통령령으로 정한다.

TIP ①③ 조합공동사업법인을 설립하려면 회원의 자격을 가진 둘 이상의 조합이나 조합과 중앙회가 발기인이 되어 정관을 작성하고 창립총회의 의결을 거친 후 해양수산부장관의 인가를 받아야 한다〈수산업협동조합법 제113조의5 제1항〉.
② 수산업협동조합법 제16조 제2항
④ 수산업협동조합법 제113조의5 제2항

7 다음 중 조합공동사업법인의 설립인가를 받을 수 없는 경우로 옳지 않은 것은?

① 설립인가기준에 미달된 경우

② 설립 절차 및 사업계획서의 내용이 법령을 위반한 경우

③ 인가신청 후 60일 이내에 해양수산부장관의 통지를 받지 못한 경우

④ 설립인가 구비서류를 갖추지 못한 경우

TIP 해양수산부장관이 신청을 받은 날부터 60일 이내의 기간 내에 인가여부 또는 민원처리관련법령에 따른 처리기간의 연장여부를 신청인에게 통지하지 아니하면 그 기간(민원 처리 관련 법령에 따라 처리기간이 연장 또는 재연장된 경우에는 해당 처리기간을 말한다)이 끝난 날의 다음날에 인가를 한 것으로 본다〈수산업협동조합법 제16조 제5항〉.

※ **해양수산부장관이 조합공동사업법인의 설립인가신청을 거절해야 하는 경우**〈수산업협동조합법 제16조 제3항〉
ㄱ 설립인가 구비서류를 갖추지 못한 경우
ㄴ 설립의 절차, 정관 및 사업계획서의 내용이 법령을 위반한 경우
ㄷ 설립인가기준에 미달된 경우

8 해양수산부장관이 조합공동사업법인의 설립인가 신청을 받은 후 인가여부를 신청인에게 통지해야 하는 기한은?

① 15일   ② 20일

③ 30일   ④ 60일

TIP 해양수산부장관은 조합공동사업법인의의 설립인가 신청을 받은 날부터 60일 이내에 인가 여부를 신청인에게 통지하여야 한다〈수산업협동조합법 제16조 제4항〉.

9 조합공동사업법인의 설립인가에 필요한 기준으로 옳은 것은?

① 회원의 자격이 있는 설립동의자의 출자금납입확약총액이 1억 원 이상일 것
② 회원의 자격이 있는 설립동의자가 둘 이상일 것
③ 회원의 자격이 있는 설립동의자의 출자금납입확약총액이 5억 원 이상일 것
④ 회원의 자격이 있는 설립동의자가 여럿일 것

TIP 조합공동사업법인의 설립인가에 필요한 기준〈수산업협동조합법 시행령 제23조의2 제1항〉.
　　㉠ 회원의 자격이 있는 설립동의자(조합 또는 중앙회에 한정한다)가 둘 이상일 것
　　㉡ 회원의 자격이 있는 설립동의자(조합 또는 중앙회에 한정한다)의 출자금납입확약총액이 3억 원 이상일 것

10 조합공동사업법인의 정관에 포함되어야 할 사항으로 옳지 않은 것은?

① 적립금의 종류와 적립방법에 관한 사항　　② 회원의 권리와 의무
③ 임원의 정수와 자격 및 해임에 관한 사항　　④ 출자 및 가입금과 경비에 관한 사항

TIP 조합공동사업법인의 정관에 포함되어야 할 사항〈수산업협동조합법 제113조의6 제1항〉
　　㉠ 목적 및 명칭
　　㉡ 주된 사무소의 소재지
　　㉢ 회원의 자격과 가입·탈퇴 및 제명에 관한 사항
　　㉣ 출자 및 가입금과 경비에 관한 사항
　　㉤ 회원의 권리와 의무
　　㉥ 임원의 선임 및 해임에 관한 사항
　　㉦ 사업의 종류와 집행에 관한 사항
　　㉧ 적립금의 종류와 적립방법에 관한 사항
　　㉨ 잉여금의 처분과 손실금의 처리 방법에 관한 사항
　　㉩ 그 밖에 수산업협동조합법에서 정관으로 정하도록 규정한 사항

Answer　6.① 7.③ 8.④ 9.② 10.③

11 조합공동사업법인이 정관을 변경할 때 해양수산부장관의 인가를 받지 않아도 되는 경우는?

① 정관의 일부내용을 변경할 때

② 해양수산부장관이 정하여 고시한 정관례에 따라 정관을 변경할 때

③ 조합공동사업법인의 임원의결을 거쳐 정관을 변경할 때

④ 출자금액을 변경할 때

TIP 조합공동사업법인이 정관을 변경하려면 해양수산부장관의 인가를 받아야 한다. 다만, 해양수산부장관이 정하여 고시한 정관례에 따라 정관을 변경하는 경우에는 해양수산부장관의 인가를 받지 아니하여도 된다〈수산업협동조합법 제113조의6 제2항〉.

12 조합공동사업법인의 임원에 대한 설명으로 옳은 것은?

① 임원의 정수와 임기는 정관으로 정한다.　② 이사의 정수는 1명이어도 된다.

③ 대표이사 1명과 감사 2명을 두어야 한다.　④ 대표이사와 이사는 반드시 동일인이어야 한다.

TIP 조합공동사업법인의 임원 … 조합공동사업법인에는 임원으로 대표이사 1명을 포함한 2명 이상의 이사와 1명 이상의 감사를 두되, 그 정수와 임기는 정관으로 정한다〈수산업협동조합법 제113조의7〉.

13 조합공동사업법인이 그 목적을 달성하기 위하여 수행할 수 있는 사업에 대한 설명으로 옳은 것은?

① 회원을 위한 물자의 공동구매는 할 수 없고 상품의 공동판매만 가능하다.

② 회원에게 대출을 알선할 수 없다.

③ 다른 조합공동사업법인의 위탁사업을 하기 위해서는 해양수산부장관의 인가를 받아야 한다.

④ 회원을 위한 상품의 생산·유통 조절 및 기술의 개발·보급을 수행할 수 있다.

TIP 조합공동사업법인이 수행할 수 있는 사업〈수산업협동조합법 제113조의8〉

ㄱ 회원을 위한 물자의 공동구매 및 상품의 공동판매와 이에 수반되는 운반·보관 및 가공사업

ㄴ 회원을 위한 상품의 생산·유통 조절 및 기술의 개발·보급

ㄷ 회원을 위한 자금 대출의 알선과 공동사업을 위한 국가·공공단체, 중앙회 및 수협은행으로부터의 자금 차입

ㄹ 국가·공공단체·조합·중앙회 또는 다른 조합공동사업법인이 위탁하는 사업

ㅁ 그 밖에 회원의 공동이익 증진을 위하여 정관으로 정하는 사업

14 다음 중 조합공동사업법인의 회계처리기준은?

① 해양수산부령으로 정한다.

② 기업회계기준에 따른다.

③ 조합공동사업법인의 정관에 따른다.

④ 해양수산부장관이 정하여 고시한다.

TIP 회계처리기준 … 조합공동사업법인의 회계처리기준은 해양수산부장관이 정하여 고시한다〈수산업협동조합법 제113조의9〉.

CHAPTER 06 수산업협동조합협의회

1 다음 중 조합협의회의 구성목적으로 옳은 것은?

① 같은 종류의 조합 간의 선의의 경쟁을 촉진하기 위함
② 회원인 조합 간의 공동사업 개발과 권익증진을 도모하기 위함
③ 조합협의회의 구성을 통한 국가 및 공공단체에 어업인의 의견을 개진하기 위함
④ 중앙회와의 업무협의를 통해 어업인의 이익을 극대화하기 위함

TIP 조합은 같은 종류의 조합 간의 공동사업 개발과 그 권익 증진을 도모하기 위하여 각 조합을 회원으로 하는 수산업협동조합협의회(이하 "조합협의회"라 한다)를 각각 구성할 수 있다〈수산업협동조합법 제114조 제1항〉.

2 다음 중 조합협의회가 수행할 수 있는 사업으로 옳지 않은 것은?

① 회원을 위한 생산·유통 조절 및 시장개척
② 회원의 공동이익을 증진하기 위한 필요한 사업
③ 제품 홍보, 기술 보급 및 회원 간의 정보교환
④ 회원에게 신속한 정보제공 및 자금대출 지원

TIP 조합협의회가 수행하는 사업〈수산업협동조합법 제114조 제2항〉
ㄱ 회원을 위한 사업의 개발 및 정책 건의
ㄴ 회원을 위한 생산·유통 조절 및 시장개척
ㄷ 제품 홍보, 기술 보급 및 회원 간의 정보교환
ㄹ 그 밖에 회원의 공동이익을 증진하기 위하여 필요한 사업

3 조합협의회의 구성 및 운영 등에 필요한 사항을 정하는 주체는?

① 해양수산부장관
② 조합협의회의 회장
① 해당 조합의 조합장
④ 회원의 과반수 동의로 의결

TIP 조합협의회의 구체적인 구성 및 운영 등에 필요한 사항은 해양수산부장관이 정하여 고시한다〈수산업협동조합법 시행규칙 제9조의5 제1항〉.

4 다음 중 조합협의회가 붙여야 할 명칭 중 옳지 않은 것은?

① 업종명　　　　　　　　　　　② 지역명
③ 생산자명　　　　　　　　　　④ 수산물가공업명

TIP 조합협의회는 그 명칭 중에 지역명·업종명 또는 수산물가공업명을 붙인 수산업협동조합협의회라는 명칭을 사용하여야 하며, 수산업협동조합법에 따라 구성된 조합협의회가 아니면 수산업협동조합협의회라는 명칭을 사용할 수 없다〈수산업협동조합법 제114조 제3항〉.

5 지구별수협의 경우에 조합협의회를 구성하는 단위는?

① 전국단위로 구성
② 특별시, 광역시, 도 또는 특별자치도 단위로 구성
③ 지구별수협의 특성별로 구성
④ 구별수협사업의 숫자 별로 구성

TIP 조합협의회는 지구별수협의 경우에는 특별시·광역시·도 또는 특별자치도를 단위로 구성하고, 업종별수협 및 수산물가공수협의 경우에는 전국을 단위로 구성할 수 있다〈수산업협동조합법 시행규칙 제9조의5 제1항〉.

6 조합협의회에 대한 국가 또는 공공단체의 지원에 대한 설명으로 옳지 않은 것은?

① 조합협의회는 조합협의회가 수행하는 사업과 관련된 사항을 국가에 건의 할 수 있다.
② 조합협의회는 회원발전에 필요한 사항을 공공단체에 건의할 수 있다.
③ 중앙회는 조합협의회의 사업에 필요한 자금을 융자할 수 있다.
④ 조합협의회의 사업에 필요한 자금을 국가에서 보조하거나 융자해서는 안 된다.

TIP 조합협의회에 대한 지원〈수산업협동조합법 제115조〉
　　㉠ 조합협의회는 조합협의회가 수행하는 사업과 회원의 발전에 필요한 사항을 국가, 공공단체 또는 중앙회에 건의할 수 있다.
　　㉡ 국가, 공공단체 또는 중앙회는 건의 사항이 최대한 반영되도록 노력하여야 하며, 조합협의회의 사업에 필요한 자금을 보조하거나 융자할 수 있다.

Answer 1.② 2.④ 3.① 4.③ 5.② 6.④

CHAPTER 07 수산업협동조합중앙회

01 통칙

1 수산업협동조합중앙회의 설립목적에 대한 설명으로 옳은 것은?

① 회원의 개별적 이익을 최대한으로 추진하기 위함

② 회원의 공동이익 증진과 건전한 발전을 도모하기 위함

③ 국가의 재정확충을 위해 수익을 창출하기 위함

④ 외국 기업과의 경쟁에서 우위를 점하기 위함

TIP 중앙회의 목적 … 중앙회는 회원의 공동이익의 증진과 건전한 발전을 도모함을 목적으로 한다〈수산업협동조합법 제116조〉.

2 중앙회의 사무소 및 구역에 관한 설명으로 옳은 것은?

① 중앙회는 회원이 가장 많은 지역에 주된 사무소를 두어야 한다.

② 중앙회는 주된 사무소를 두지 않고 광역시에 지사무소만 둘 수 있다.

③ 중앙회는 서울특별시에 주된 사무소를 두고, 전국을 구역으로 한다.

④ 중앙회는 특정 지역을 구역으로 할 수 있다.

TIP 중앙회사무소 및 구역〈수산업협동조합법 제117조〉
  ⊙ 중앙회는 서울특별시에 주된 사무소를 두고, 정관으로 정하는 바에 따라 지사무소를 둘 수 있다.
  ⓒ 중앙회는 전국을 구역으로 한다.

3 중앙회의 회원에 대한 설명으로 옳지 않은 것은?

① 중앙회는 해양수산 관련 법인이나 단체를 회원으로 할 수 있다.

② 회원의 책임은 그 출자액을 한도로 한다.

③ 중앙회는 조합을 회원으로 한다.

④ 중앙회의 회원은 정회원과 준회원으로 구분한다.

TIP ① 해양수산 관련 법인이나 단체는 준회원으로 할 수 있다〈수산업협동조합법 제119조 제2항 제1호〉.
② 수산업협동조합법 제122조
③ 수산업협동조합법 제118조

※ 회원의 당연탈퇴 및 책임
㉠ 당연탈퇴 : 회원이 해산하거나 파산한 경우에는 당연히 탈퇴한다〈수산업협동조합법 제121조〉.
㉡ 회원의 책임 : 회원의 책임은 그 출자액을 한도로 한다〈수산업협동조합법 제122조〉.

4 다음 중 중앙회의 준회원으로 할 수 없는 자는?

① 중앙회의 사업을 이용하는 것이 적당하다고 인정되는 자

② 조합공동사업법인

③ 해양수산 관련 법인 또는 단체

④ 대통령령으로 정하는 자

TIP 중앙회는 정관으로 정하는 바에 따라 준회원으로 할 수 있는 자〈수산업협동조합법 제119조〉.
㉠ 해양수산 관련 법인 또는 단체
㉡ 중앙회의 사업을 이용하는 것이 적당하다고 인정되는 자
㉢ 조합공동사업법인

Answer 1.② 2.③ 3.① 4.④

5 다음 중 중앙회의 회원출자에 관한 설명으로 옳은 것은?

① 회원은 임의로 출자여부를 결정할 수 있다.

② 출자 1계좌의 금액은 회의를 통해 결정한다.

③ 회원은 정관으로 정하는 계좌 수 이상을 출자해야 한다.

④ 출자에 관한 규정은 대통령령으로 정한다.

TIP 출자〈수산업협동조합법 제120조 제2항〉
　　 ㉠ 회원은 정관으로 정하는 계좌 수 이상의 출자를 하여야 한다.
　　 ㉡ 출자 1계좌의 금액은 정관으로 정한다.

6 다음 중 중앙회의 정관에 반드시 포함되어야 할 사항으로 옳은?

① 중앙회 임직원의 복리후생에 관한 사항

② 출자 및 우선출자에 관한 사항

③ 회원사업의 우선권을 장하는 사항

④ 임직원의 재산권 보장에 관한 사항

TIP ①③④는 중앙회의 정관에 포함되어야 할 사항이 아니다〈수산업협동조합법 제123조〉.

7 중앙회의 정관에 포함되어야 할 사항으로 옳지 않은 것은?

① 회원의 가입 및 탈퇴에 관한 사항

② 회계에 관한 사항

③ 수산금융채권의 발행에 관한 사항

④ 중앙회의 명칭사용에 관한 허가사항

TIP ④ 중앙회의 명칭사용에 관한 규정은 수산업협동조합법령으로 규정하고 있다〈수산업협동조합법 제3조〉.

8 다음 중 중앙회의 정관에 포함되어야 할 사항에 해당하지 않는 것은?

① 중앙회시설물의 관리에 관한 사항
② 일반간부직원에 관한 사항
③ 공고의 방법에 관한 사항
④ 과태금의 부과 · 징수에 관한 사항

TIP 중앙회의 정관에 포함되어야 할 사항〈수산업협동조합법 제123조〉
　　㉠ 목적 · 조직 · 명칭 및 구역
　　㉡ 주된 사무소의 소재지
　　㉢ 출자에 관한 사항 및 우선출자에 관한 사항
　　㉣ 회원의 가입 및 탈퇴에 관한 사항 및 회원의 권리의무에 관한 사항
　　㉤ 총회 및 이사회에 관한 사항
　　㉥ 임원, 집행간부 및 집행간부 외의 간부직원(이하 "일반간부직원"이라 한다)에 관한 사항
　　㉦ 사업의 종류, 업무 집행에 관한 사항
　　㉧ 경비 및 과태금의 부과 · 징수에 관한 사항
　　㉨ 수산금융채권의 발행에 관한 사항
　　㉩ 회계에 관한 사항
　　㉪ 공고의 방법에 관한 사항

　　※ 중앙회의 해산에 관하여는 따로 법률로 정한다〈수산업협동조합법 제124조〉.

Answer** 5.③ 6.② 7.④ 8.①

07. 수산업협동조합중앙회 » 125

1 다음 중 정기총회를 회계연도 경과 후 소집해야 하는 기한은?

① 1개월   ② 2개월
③ 3개월   ④ 4개월

TIP 정기총회는 회계연도 경과 후 3개월 이내에 소집한다〈수산업협동조합법 제125조 제3항〉.

2 수산업협동조합법령상 중앙회의 총회에 대한 설명으로 옳지 않은 것은?

① 중앙회에 총회를 두며 회장이 총회를 소집한다.
② 임시총회는 회장이 필요하다고 인정할 때 수시로 소집한다.
③ 총회는 회장과 회원으로 구성한다.
④ 정기총회는 회장이 매년 2회 소집한다.

TIP 중앙회의 총회〈수산업협동조합법 제125조〉
    ㉠ 중앙회에 총회를 둔다.
    ㉡ 총회는 회장과 회원으로 구성하고, 회장이 소집한다.
    ㉢ 회장은 총회의 의장이 된다.
    ㉣ 정기총회는 회계연도 경과 후 3개월 이내에 회장이 매년 1회 소집하고, 임시총회는 회장이 필요하다고 인정할 때 수시로 소집한다.

3 다음 중 총회에서 선출 또는 해임할 수 임직원으로 옳지 않은 자는?

① 이사   ② 사업전담대표이사
③ 감사위원   ④ 전무

TIP 회장, 사업전담대표이사, 감사위원, 이사의 선출·해임을 의결할 수 있다〈수산업협동조합법 제126조 제3호〉.

4 총회의 의결사항으로 옳지 않은 것은?

① 사업계획·수지예산 및 결산의 승인
② 사업전담대표이사의 선출
③ 회장임기의 연장
④ 회원의 제명

TIP 총회의 의결 사항〈수산업협동조합법 제126조〉
　　㉠ 정관의 변경
　　㉡ 회원의 제명
　　㉢ 회장, 사업전담대표이사(중앙회의 사업을 각 사업 부문별로 전담하는 대표이사를 말한다), 감사위원, 이사의 선출·해임
　　㉣ 사업계획·수지예산 및 결산의 승인
　　㉤ 그 밖에 회장이나 이사회가 필요하다고 인정하는 사항

5 다음 중 중앙회 이사회의 구성원으로 포함되지 않는 사람은?

① 감사위원장
② 회장
③ 사업전담대표이사
④ 회원조합장

TIP 이사회는 회장·사업전담대표이사를 포함한 이사로 구성한다〈수산업협동조합법 제127조 제2항〉.

6 다음 중 중앙회 이사회의 구성원 중 회원조합장의 비율은?

① 4분의 3 이상
③ 3분의 2 이상
② 2분의 1 이상
④ 전원

TIP ② 이사회는 회장·사업전담대표이사를 포함한 이사로 구성하되, 이사회 구성원의 2분의 1 이상은 회원조합장이어야 한다〈수산업협동조합법 제127조 제2항〉.

Answer　　1.③　2.④　3.④　4.③　5.①　6.②

7 다음 중 이사회가 의결할 수 있는 사항으로 옳지 않은 것은?

① 교육위원회 구성에 관한 사항 ② 조직·경영 및 임원에 관한 규약의 제정
③ 회원의 제명 ④ 업무용 부동산의 취득 및 처분

TIP ③ 회원의 제명은 중앙회 총회의 의결사항이다〈수산업협동조합법 제126조 제1항 제2호〉.

8 중앙회 이사회의 의결사항 중 회장 또는 이사가 필요하다고 인정하는 사항의 조건으로 옳은 것은?

① 2분의 1 이상의 찬성 ② 3분의 1 이상의 찬성
③ 4분의 1 이상의 찬성 ④ 5분의 1 이상의 찬성

TIP 회장 또는 이사 5분의 1 이상이 필요하다고 인정하는 사항은 이사회의 의결사항에 포함된다〈수산업협동조합
법 제127조 제3항 제12호〉.

9 다음 중 중앙회 이사회의 의결사항으로 옳지 않은 것은?

① 조합감사위원회 위원 선출 ② 총회로부터 위임된 사항
③ 회장 및 감사위원의 선출 및 해임 ④ 중앙회의 사업계획 및 자금계획의 종합 조정

TIP 중앙회 이사회의 의결사항〈수산업협동조합법 제127조 제3항〉
    ㉠ 중앙회의 경영목표 설정
    ㉡ 중앙회의 사업계획 및 자금계획의 종합 조정
    ㉢ 조직·경영 및 임원에 관한 규약의 제정·개정 및 폐지
    ㉣ 사업전담대표이사 및 상임이사의 직무와 관련한 업무의 종합 조정 및 소관 업무의 경영평가
    ㉤ 사업전담대표이사 및 상임이사의 해임요구에 관한 사항
    ㉥ 인사추천위원회 구성에 관한 사항
    ㉦ 교육위원회 구성에 관한 사항
    ㉧ 조합감사위원회 위원 선출
    ㉨ 업무용 부동산의 취득 및 처분
    ㉩ 총회로부터 위임된 사항
    ㉪ 그 밖에 회장 또는 이사 5분의 1 이상이 필요하다고 인정하는 사항

10 다음 중 이사회의 소집요건으로 옳지 않은 것은?

① 감사위원회의 요구가 있을 때   ② 정관을 변경하고자 할 때
③ 회장이 필요하다고 인정할 때   ④ 이사 3명 이상의 요구가 있을 때

TIP 회장은 이사 3명 이상 또는 감사위원회의 요구가 있을 때에는 지체 없이 이사회를 소집하여야 하고, 회장이 필요하다고 인정할 때에는 직접 이사회를 소집할 수 있다〈수산업협동조합법 제127조 제4항〉.

11 다음 중 이사회의 의결정족수에 대한 설명으로 옳은 것은?

① 회원 과반수의 출석으로 개의하고 출석회원 3분의 2 이상의 찬성으로 의결한다.
② 구성원 과반수의 출석으로 개의하고 출석구성원 3분의 2 이상의 찬성으로 의결한다.
③ 회원 과반수의 출석으로 개의하고 출석회원 과반수의 찬성으로 의결한다.
④ 구성원 과반수의 출석으로 개의하고 출석구성원 과반수의 찬성으로 의결한다.

TIP 이사회는 구성원 과반수의 출석으로 개의하고 출석구성원 과반수의 찬성으로 의결한다〈수산업협동조합법 제127조 제5항〉.

12 중앙회의 이사회에 대한 설명으로 옳지 않은 것은?

① 이사회의 운영에 필요한 사항은 해양수산부령으로 정한다.
② 중앙회에 이사회를 두며, 회장이 그 의장이 된다.
③ 회장이 직접 이사회를 소집할 수 있다.
④ 이사회의 의사에 특별한 이해관계가 있는 이사회의 구성원은 회의에 참여할 수 없다.

TIP ① 이사회의 운영에 필요한 사항은 정관으로 정한다〈수산업협동조합법 제127조 제8항〉.
　　② 수산업협동조합법 제127조 제1항
　　③ 수산업협동조합법 제127조 제4항
　　④ 수산업협동조합법 제127조 제7항

Answer　7.③　8.④　9.③　10.②　11.④　12.①

13 중앙회의 인사추천위원회에 대한 설명으로 옳지 않은 것은?

① 인사추천위원회는 중앙회에 둔다.

② 인사추천위원회에서 지도경제사업대표이사를 추천한다.

③ 위원장은 해양수산부장관이 위촉한다.

④ 수산 관련 단체는 지도경제사업대표이사 후보자를 인사추천위원회에 추천할 수 있다.

TIP ③ 인사추천위원회의 위원장은 위원 중에서 호선한다〈수산업협동조합법 제127조의2 제2항〉.
　① 수산업협동조합법 제127조의2 제1항
　② 수산업협동조합법 제127조의2 제1항 제2호
　④ 수산업협동조합법 제127조의2 제3항

　※ 그 밖에 인사추천위원회 구성과 운영에 필요한 사항은 정관으로 정한다.

14 중앙회에 인사추천위원회가 추천할 수 있는 사람이 아닌 사람은?

① 비상임이사　　　　　　　　　　　② 지구별 조합장

③ 조합감사위원회 위원　　　　　　　④ 지도경제사업대표이사

TIP 인사추천위원회가 중앙회에 추천할 수 있는 사람〈수산업협동조합법 제127조의2 제1항〉.
　㉠ 감사위원
　㉡ 지도경제사업대표이사
　㉢ 상임이사
　㉣ 비상임이사
　㉤ 조합감사위원회 위원 2명

15 다음 중 인사추천위원으로 구성원이 될 수 없는 사람은?

① 수산 관련 단체가 추천한 외부전문가 중에서 이사회가 위촉하는 사람

② 이사회가 위촉하는 회원조합장

③ 수산 관련 기관에서 5년 이상 근무경력이 있는 5급 이상의 공무원으로 이사회가 위촉하는 사람

④ 수산 관련 학계에서 추천하는 학식과 경험이 풍부한 외부전문가 중에서 이사회가 위촉하는 사람

TIP 인사추천위원회의 구성위원〈수산업협동조합법 제127조의2 제2항〉
　㉠ 이사회가 위촉하는 회원조합장 3명
　㉡ 수산 관련 단체 및 학계 등이 추천하는 학식과 경험이 풍부한 외부전문가(공무원은 제외한다) 중에서 이사회가 위촉하는 2명

16 다음 중 교육위원회에 대한 설명으로 옳지 않은 것은?

① 교육위원회는 회원의 조합원과 직원에 대한 교육업무를 지원하기 위해 설립된다.

② 교육위원회의 위원장을 제외한 5명의 위원으로 구성하여야 한다.

③ 교육위원회는 수산 관련 단체 · 학계의 대표를 포함해야 한다.

④ 교육위원회는 이사회 소속으로 운영된다.

TIP ②③ 교육위원회는 위원장을 포함한 5명 이내의 위원으로 구성하되, 수산 관련 단체 · 학계의 대표를 포함하여야 한다〈수산업협동조합법 제127조의3 제2항〉.

①④ 수산업협동조합법 제127조의3 제1항

※ 교육위원회는 교육지원업무를 처리하기 위하여 정관으로 정하는 바에 따라 교육위원회에 필요한 기구를 둘 수 있다〈수산업협동조합법 제127조의3 제3항〉.

17 교육위원회의 구성 및 운영에 관한 사항을 정하는 기준으로 옳은 것은?

① 대통령령으로 정한다.　　　　　　② 총회의 의결을 거쳐 정한다.

③ 해양수산부령으로 정한다.　　　　④ 정관으로 정한다.

TIP ④ 교육위원회의 구성 · 운영 등에 필요한 사항은 정관으로 정한다〈수산업협동조합법 제127조의3 제4항〉.

18 다음 중 중앙회장이 임면하는 준법감시인의 적정인원은?

① 1명 이상　　　　　　　　　　　　② 2명 이상

③ 3명 이상　　　　　　　　　　　　④ 5명 이상

TIP 중앙회는 준법감시인을 1명 이상 두어야 한다〈수산업협동조합법제127조의4 제2항〉.

※ **준법감시인** … 내부통제기준의 준수 여부를 점검하고 위반 여부를 조사하여 감사위원회에 보고하는 사람을 말한다〈수산업협동조합법제127조의4 제2항〉.

Answer　13.③　14.②　15.③　16.②　17.④　18.①

19 다음 중 내부통제기준에 대한 설명으로 옳지 않은 것은?

① 내부통제기준이란 중앙회의 임직원이 직무를 수행할 때 따라야 할 기본적인 절차와 기준을 말한다.
② 내부통제기준은 중앙회의 이용자 보호와 법령·정관 준수를 목적으로 한다.
③ 준법감시인은 이사회의 추천을 받아 중앙회장이 임명한다.
④ 내부통제기준의 준수 여부는 준법감시인이 점검하고 감사위원회에 보고한다.

TIP ③ 준법감시인은 이사회의 의결을 거쳐 중앙회장이 임면한다〈수산업협동조합법제127조의4 제3항〉.
①② 수산업협동조합법제127조의4 제1항
④ 수산업협동조합법제127조의4 제2항

※ 내부통제기준과 준법감시인의 자격요건 등에 필요한 사항은 대통령령으로 정한다.

20 내부통제기준에 포함되어야 할 사항으로 옳지 않은 것은?

① 업무의 분장 및 조직구조에 관한 사항
② 임직원의 복지 및 혜택에 관한 사항
③ 자산운용 및 업무수행과정에서 발생하는 위험의 관리에 관한 사항
④ 임직원이 업무를 수행할 때 준수하여야 하는 절차에 관한 사항

TIP ② 임직원의 복지 및 혜택에 관한 사항은 내부통제기준에 포함되어야 할 사항이 아니다〈수산업협동조합법 시행령 제23조의3〉.

21 다음 중 내부통제기준에 포함되어야 할 사항으로 옳은 것은?

① 내부통제기준 위반에 대한 임직원의 복무평정 기준에 관한 사항

② 경영의사의 결정에 필요한 정보가 효율적으로 전달될 수 있는 체제의 구축에 관한 사항

③ 내부통제기준의 제정 또는 변경 절차에 관한 사항

④ 불공정 거래행위를 방지하기 위한 절차나 기준에 관한 사항

TIP 내부통제기준에 포함되어야 할 사항〈수산업협동조합법 시행령 제23조의3〉.
- ㉠ 업무의 분장 및 조직구조에 관한 사항
- ㉡ 자산의운용 또는 업무의 수행과정에서 발생하는 위험의 관리에 관한 사항
- ㉢ 임직원이 업무를 수행할 때 준수하여야 하는 절차에 관한 사항
- ㉣ 경영의사의 결정에 필요한 정보가 효율적으로 전달될 수 있는 체제의 구축에 관한 사항
- ㉤ 임직원의 내부통제기준 준수 여부를 확인하는 절차·방법 및 내부통제기준을 위반한 임직원에 대한 조치에 관한 사항
- ㉥ 임직원의 유가증권 거래명세의 보고 등 불공정 거래행위를 방지하기 위한 절차나 기준에 관한 사항
- ㉦ 내부통제기준의 제정 또는 변경 절차에 관한 사항
- ㉧ ㉠부터 ㉦까지의 사항에 관한 구체적인 기준으로서 해양수산부장관이 정하는 사항

※ 중앙회는 내부통제기준을 제정하거나 개정하려면 이사회의 의결을 거쳐야 한다.

22 준법감시인의 자격요건에 해당하는 사람으로 옳지 않은 것은?

① 변호사 자격을 가지고 해당 업무에 5년 이상 종사한 경력이 있는 사람

② 국가기관에서 수산업 관련 업무에 5년 이상 종사한 경력이 있고 퇴직 후 5년이 지난 사람

③ 중앙회에서 10년 이상 종사한 경력이 있는 사람

④ 수산업 분야의 석사 이상의 학위를 소지하고 연구원으로 3년 이상 종사한 경력이 있는 사람

TIP 준법감시인의 자격요건에 해당하는 사람〈수산업협동조합법 시행령 제23조의4 제1항 제1호〉
- ㉠ 중앙회 또는 검사대상기관(이에 상당하는 외국금융기관을 포함한다)에서 10년 이상 종사한 경력이 있는 사람
- ㉡ 수산업 또는 금융 관계 분야의 석사 이상의 학위를 소지한 사람으로서 연구기관 또는 대학에서 연구원 또는 조교수 이상의 직에 5년 이상 종사한 경력(학위 취득 전의 경력을 포함한다)이 있는 사람
- ㉢ 변호사 또는 공인회계사 자격을 가지고 해당 자격과 관련된 업무에 5년 이상 종사한 경력이 있는 사람
- ㉣ 국가·지방자치단체에서 수산업 또는 금융업과 관련된 업무에 5년 이상 종사한 경력이 있는 사람으로서 해당 기관에서 퇴임 또는 퇴직한 후 5년이 지난 사람

Answer 19.③ 20.② 21.① 22.④

23 준법감시인이 담당해서는 안 되는 직무로 옳은 것은?

① 자산운용에 관한 업무   ② 내부통제기준의 준수여부점검 업무

③ 준법감시활동에 관한 업무   ④ 중앙회의 임직원 교육에 관한 업무

TIP ② 준법감시인이 담당해서는 아니 되는 직무〈수산업협동조합법 시행령 제23조의4 제2항〉
- ㉠ 자산운용에 관한 업무
- ㉡ 중앙회가 수행하는 상호금융사업, 공제사업과 경제사업 및 그와 관련되는 부대업무
- ※ 준법감시인은 선량한 관리자의 주의로 그 직무를 수행하여야 한다.

24 다음은 준법감시인의 자격요건이다. ( )안에 알맞은 것은?

> - 지구별수협의 임원의 결격사유에 해당하지 아니할 것
> - 준법감시인은 최근 ( ) 금융 관련 법령 또는 수산업협동조합 관련 법령을 위반하여 금융위원회, 금융감독원의 원장 또는 해양수산부장관으로부터 감봉 요구 이상에 해당하는 조치를 받은 사실이 없을 것

① 1년간   ② 3년간
③ 5년간   ④ 7년간

TIP 준법감시인의 자격요건〈수산업협동조합법 시행령 제23조의4 제1항〉
- ㉠ 지구별수협의 임원의 결격사유에 해당하지 아니할 것
- ㉡ 준법감시인은 최근 5년간 금융 관련 법령 또는 수산업협동조합 관련 법령을 위반하여 금융위원회, 금융감독원의 원장 또는 해양수산부장관으로부터 감봉 요구 이상에 해당하는 조치를 받은 사실이 없을 것
- ※ 중앙회는 준법감시인이 그 직무를 독립적으로 수행할 수 있도록 하여야 하며, 준법감시인이 그 직무를 수행할 때 자료나 정보의 제출을 임직원에게 요구하는 경우 이에 성실히 응하도록 하여야 한다.

1 수산업협동조합법에 따라 중앙회에 둘 수 있는 이사의 최대 인원은?

① 15명   ② 18명

③ 22명   ④ 25명

TIP 중앙회에 임원으로 회장 1명 및 사업전담대표이사 1명(지도경제사업대표이사)을 포함하여 22명 이내의 이사와 감사위원 3명을 둔다〈수산업협동조합법 제129조 제1항〉.

2 수산업협동조합법에 따라 중앙회의 임원 중 상임으로 하는 자에 해당하지 않는 사람은?

① 사업전담대표이사   ② 감사위원장

③ 경제사업을 담당하는 이사   ④ 회장

TIP 임원 중 상임이어야 하는 자〈수산업협동조합법 제129조 제2항〉.
　　㉠ 사업전담대표이사
　　㉡ 경제사업을 담당하는 이사
　　㉢ 감사위원장

3 다음 중 중앙회 회장의 직무로 옳지 않은 것은?

① 회원에 대한 감사업무

② 회원과 그 조합원의 권익증진을 위한 사업과 대외활동업무

③ 중앙회의 지도업무

④ 회원의 조합원과 직원에 대한 교육·훈련 및 정보의 제공

TIP ④는 사업전담대표이사의 직무이다〈수산업협동조합법 제131조 제2항 제1호〉.

Answer   23.①   24.③ / 1.③   2.④   3.④

4 다음 중 중앙회 회장의 전담업무로 옳지 않은 것은?

① 상호금융사업

② 회원과 그 조합원의 권익 증진을 위한 사업과 대외활동업무

③ 경제단체 · 사회단체와의 교류 · 협력업무

④ 어업협정 등과 관련된 국제 민간어업협력사업에 관한 업무

TIP ①은 사업전담대표이사의 업무이다〈수산업협동조합법 제131조 제2항 제1호〉.

    ※ **회장의 전담업무**〈수산업협동조합법 제130조 제2항〉
      ㉠ 회원에 대한 감사
      ㉡ 회원과 그 조합원의 사업에 관한 조사 · 연구 및 홍보사업과 그 부대사업
      ㉢ 중앙회의 지도
      ㉣ 회원과 그 조합원의 권익증진을 위한 사업과 대외활동
      ㉤ 의료지원사업, 다른 경제단체 · 사회단체 및 문화단체와의 교류 · 협력 및 어업협정 등과 관련된 국제 민간어업협력사업과 그 부대사업
      ㉥ 회원과 그 조합원의 권익 증진을 위한 사업과 대외활동 및 의료지원사업, 다른 경제단체 · 사회단체 및 문화단체와의 교류 · 협력 및 어업협정 등과 관련된 국제 민간어업협력사업과 그 부대사업의 업무에 관한 사업계획 및 자금계획의 수립
      ㉦ 그 밖에 사업전담대표이사의 업무에 속하지 아니하는 업무와 총회 및 이사회에서 위임한 사항

5 다음 중 중앙회 회장이 위임해야 하는 업무로 옳지 않은 것은?

① 중앙회 지도의 업무

② 조합원의 사업에 관한 조사 · 연구에 관한 업무

③ 의료지원사업 업무

④ 조합원의 홍보사업과 그 부대사업의 업무

TIP 정관에 따라 회장이 위임하여 전결처리 해야 할 업무〈수산업협동조합법 제130조 제2항〉
    ㉠ **조합감사위원회의 위원장에게 위임**: 회원에 대한 감사의 업무
    ㉡ **사업전담대표이사에게 위임**: 회원과 그 조합원의 사업에 관한 조사 · 연구 및 홍보사업과 그 부대사업 및 중앙회의 지도의 업무

6 중앙회 회장이 사업전담대표이사에게 위임하여 전결 처리하게 해야 하는 업무는?

① 회원에 대한 감사

② 회원과 그 조합원의 사업에 관한 조사·연구 및 홍보사업

③ 회원과 그 조합원의 권익 증진을 위한 사업

④ 의료지원사업

TIP 회원과 그 조합원의 사업에 관한 조사·연구 및 홍보사업과 그 부대사업 및 중앙회의 지도의 업무는 사업전담대표이사에게 위임하여 전결처리하게 하여야 한다〈수산업협동조합법 제130조 제2항〉.

7 회장이 부득이한 사유로 그 직무를 수행할 수 없을 때, 그 직무를 대행하는 순서를 정하는 주체는?

① 해양수산부장관   ② 총회

③ 이사회   ④ 조합감사위원회

TIP 회장이 궐위·구금되거나 의료기관에서 30일 이상 계속하여 입원한 경우 등 부득이한 사유로 그 직무를 수행할 수 없을 때에는 이사회가 정하는 순서에 따라 사업전담대표이사 및 이사가 그 직무를 대행한다〈수산업협동조합법 제130조 제3항〉.

8 다음 중 사업전담대표이사는 어떤 대표이사로 지정되는가?

① 경제사업대표이사   ② 공제사업대표이사

③ 수산업대표이사   ④ 지도경제사업대표이사

TIP 사업전담대표이사는 지도경제사업대표이사로 한다〈수산업협동조합법 제131조 제1항〉.

Answer   4.① 5.③ 6.② 7.③ 8.④

9 중앙회를 대표하면서 전담하여 처리하는 사업전담대표이사의 업무로 옳지 않은 것은?

① 상호금융사업

② 회원의 조직·경영 및 사업에 관한 지도·조정

③ 회원에 대한 감사

④ 명칭사용료의 관리 및 운영

TIP 중앙회를 대표하면서 전담하여 처리하는 사업전담대표이사의 업무〈수산업협동조합법 제131조 제2항〉.
- ㉠ 회원의 조직·경영 및 사업에 관한 지도·조정
- ㉡ 회원의 조합원과 직원에 대한 교육·훈련 및 정보의 제공
- ㉢ 회원과 그 조합원의 사업 및 생활 개선을 위한 정보망의 구축, 정보화 교육 및 보급 등을 위한 사업
- ㉣ 회원과 그 조합원에 대한 보조금의 지급
- ㉤ 수산업 관련 신기술의 개발 등을 위한 사업 및 시설의 운영
- ㉥ 각종 사업을 위한 교육·훈련
- ㉦ 명칭사용료의 관리 및 운영
- ㉧ 경제사업
- ㉨ 상호금융사업
- ㉩ 공제사업
- ㉪ 어업통신사업
- ㉫ 다른 법령에서 중앙회의 사업으로 정하는 사업 중 「신용협동조합법」에 따른 사업과 부대사업
- ㉬ 다음에 관한 사업과 그 부대사업
  - 파생상품시장에서의 거래
  - 국가와 공공단체가 위탁하거나 보조하는 사업
  - 교육·지원 사업, 경제사업, 상호금융사업, 공제사업, 의료지원사업, 파생상품시장에서의 거래, 국가와 공공단체가 위탁하거나 보조하는 사업에 관련된 대외무역
  - 회원과 그 조합원을 위한 공동이용사업 및 운송사업 중 교육·지원 사업 및 경제사업과 그 부대사업
  - 다른 법령에서 중앙회의 사업으로 정하는 사업 중 교육·지원 사업 및 경제사업과 그 부대사업
  - 그 밖에 중앙회의 목적 달성에 필요한 사업으로서 해양수산부장관의 승인을 받은 사업 중 교육·지원 사업 및 경제사업과 그 부대사업
- ㉭ ㉠~㉬까지의 업무에 관한 경영목표의 설정, 조직 및 인사에 관한 사항
- ㉮ ㉠~㉬까지의 업무에 관한 사업계획 및 예산·결산, 자금 조달·운용계획의 수립
- ㉯ ㉠~㉬까지의 업무의 경영공시 및 부동산등기에 관한 사항
- ㉰ 총회·이사회 및 회장이 위임한 사항

10 다음 중 사업전담대표이사가 전담하여 처리하는 업무가 아닌 것은?

① 파생상품시장에서의 거래에 관한 업무

② 중앙회의 회계감사

③ 국가와 공공단체가 위탁하거나 보조하는 사업

④ 총회·이사회 및 회장이 위임한 사항

중앙회를 대표하면서 전담하여 처리하는 사업전담대표이사의 업무〈수산업협동조합법 제131조 제2항〉.

ⓐ 회원의 조직·경영 및 사업에 관한 지도·조정
ⓑ 회원의 조합원과 직원에 대한 교육·훈련 및 정보의 제공
ⓒ 회원과 그 조합원의 사업 및 생활 개선을 위한 정보망의 구축, 정보화 교육 및 보급 등을 위한 사업
ⓓ 회원과 그 조합원에 대한 보조금의 지급
ⓔ 수산업 관련 신기술의 개발 등을 위한 사업 및 시설의 운영
ⓕ 각종 사업을 위한 교육·훈련
ⓖ 명칭사용료의 관리 및 운영
ⓗ 경제사업
ⓘ 상호금융사업
ⓙ 공제사업
ⓚ 어업통신사업
ⓛ 다른 법령에서 중앙회의 사업으로 정하는 사업 중 「신용협동조합법」에 따른 사업과 부대사업
ⓜ 다음에 관한 사업과 그 부대사업
  • 파생상품시장에서의 거래
  • 국가와 공공단체가 위탁하거나 보조하는 사업
  • 교육·지원 사업, 경제사업, 상호금융사업, 공제사업, 의료지원사업, 파생상품시장에서의 거래, 국가와 공공단체가 위탁하거나 보조하는 사업에 관련된 대외무역
  • 회원과 그 조합원을 위한 공동이용사업 및 운송사업 중 교육·지원 사업 및 경제사업과 그 부대사업
  • 다른 법령에서 중앙회의 사업으로 정하는 사업 중 교육·지원 사업 및 경제사업과 그 부대사업
  • 그 밖에 중앙회의 목적 달성에 필요한 사업으로서 해양수산부장관의 승인을 받은 사업 중 교육·지원 사업 및 경제사업과 그 부대사업
ⓝ ⓐ~ⓜ까지의 업무에 관한 경영목표의 설정, 조직 및 인사에 관한 사항
ⓞ ⓐ~ⓜ까지의 업무에 관한 사업계획 및 예산·결산, 자금 조달·운용계획의 수립
ⓟ ⓐ~ⓜ까지의 업무의 경영공시 및 부동산등기에 관한 사항
ⓠ 총회·이사회 및 회장이 위임한 사항

11 사업전담대표이사가 자신의 경영상태평가결과를 보고해야 하는 대상은?

① 회장
② 이사회와 총회
③ 감사위원회
④ 해양수산부장관

사업전담대표이사는 정관으로 정하는 바에 따라 실시한 경영상태의평가결과를 이사회와 총회에 보고하여야 한다〈수산업협동조합법 제131조 제4항〉.

Answer   9.③   10.②   11.②

12 사업전담대표이사 부득이한 사유로 그 직무를 수행할 수 없을 때 그 직무를 대행하는 자는?

① 조합협의회 회장   ② 총회의장

③ 이사   ④ 감사위원회 위원장

TIP 사업전담대표이사가 궐위·구금되거나 의료기관에서 30일 이상 계속하여 입원한 경우 등 부득이한 사유로 그 직무를 수행할 수 없을 때에는 정관으로 정하는 순서에 따라 이사가 그 직무를 대행한다〈수산업협동조합법 제131조 제5항〉.

13 다음 중 감사위원회에 대한 설명으로 옳지 않은 것은?

① 감사위원회는 감사위원장을 포함한 총 5명의 감사위원으로 구성된다.

② 감사위원회의 직무에 관하여는 「상법」을 준용한다.

③ 감사위원회 운영에 필요한 사항은 정관으로 정한다.

④ 감사위원장은 감사위원 중에서 호선한다.

TIP ① 감사위원회는 감사위원장을 포함한 3명의 감사위원으로 구성된다〈수산업협동조합법 제133조 제2항〉.
     ② 수산업협동조합법 제133조 제5항→법 제48조 제5항 준용
     ③ 수산업협동조합법 제133조 제6항
     ④ 수산업협동조합법 제133조 제4항

14 다음 중 감사위원에 대한 설명으로 옳지 않은 것은?

① 감사위원의 임기는 3년이다.

② 감사위원은 총회 또는 이사회에 출석하여 의견을 진술할 수 있다.

③ 감사위원은 중앙회장이 직접 임명한다.

④ 감사위원은 인사추천위원회가 추천한 자를 대상으로 총회에서 선출한다.

TIP ③④ 감사위원은 인사추천위원회가 추천한 자를 대상으로 총회에서 선출한다〈수산업협동조합법 제133조 제3항〉.
     ① 수산업협동조합법 제133조 제2항
     ② 수산업협동조합법 제133조 제5항→법 제48조 제4항 준용

15 대통령령으로 정하는 요건에 적합한 외부전문가를 감사위원의원으로 선출할 때 그 수는 몇 명인가?

① 1명 　　　　　　　　　　　② 2명

③ 3명 　　　　　　　　　　　④ 4명

TIP 감사위원 중 2명은 대통령령으로 정하는 요건에 적합한 외부전문가 중에서 선출하여야 한다〈수산업협동조합법 제133조 제2항〉.

16 감사위원회를 중앙회에 설치하는 목적으로 옳은 것은?

① 인사와 조직의 감사 　　　　　　② 재산과 업무집행상황 감사

③ 회장 및 이사의 선출과정의 감사 　　④ 사업전담대표이사의 활동 등의 감사

TIP 중앙회는 재산과 업무집행상황을 감사하기 위하여 감사위원회를 둔다〈수산업협동조합법 제133조 제1항〉.

17 감사위원회가 부정한 사실을 발견한 경우 보고해야 할 대상은?

① 회장 　　　　　　　　　　　② 총회

③ 이사회 　　　　　　　　　　④ 감사위원장

TIP 감사위원회의 직무〈수산업협동조합법 제133조 제5항 → 법 제48조 제2항 준용〉
　　㉠ 감사위원회는 지구별수협의 재산상황 또는 업무집행에 관하여 부정한 사실을 발견하면 총회에게 보고하여야 한다.
　　㉡ 부정한 사실의 발견내용을 총회에 신속히 보고하여야 할 필요가 있는 경우에는 정관으로 정하는 바에 따라 기간을 정하여 조합장에게 총회의 소집을 요구하고 조합장이 그 기간 이내에 총회를 소집하지 아니하면 직접 총회를 소집할 수 있다.

18 지구별수협이 회장을 포함한 이사와 계약을 할 때에 지구별수협을 대표하는 주체는?

① 총회 　　　　　　　　　　　② 중앙회

③ 감사위원회 　　　　　　　　④ 이사회

TIP 지구별수협이 회장을 포함한 이사와 계약을 할 때에는 감사위원회가 지구별수협을 대표한다〈수산업협동조합법 제133조 제5항 → 법 제49조 제1항 준용〉.

Answer 12.③ 13.① 14.③ 15.② 16.② 17.② 18.③

19 다음 중 대통령령으로 정하는 요건에 적합한 외부전문가에 해당하지 않는 사람은?

① 중앙회에서 10년 이상 종사한 경력이 있는 사람

② 수산업 분야의 석사 이상의 학위를 소지하고 연구기관에서 연구원으로 3년 이상 종사한 경력이 있는 사람

③ 변호사로서 5년 이상 종사한 경력이 있는 사람

④ 주권상장법인에서 법률 관련 업무에 임원으로 5년 이상 종사한 경력이 있는 사람

(TIP) ② 수산업 또는 금융 관계 분야의 석사 이상의 학위를 소지한 사람으로서 연구기관 또는 대학에서 연구원 또는 조교수 이상의 직에 5년 이상 종사한 경력(학위 취득 전의 경력을 포함한다)이 있는 사람이어야 한다〈수산업협동조합법 시행령 제24조의2〉.

20 다음 중 중앙회 감사위원의 자격요건에 적합한 외부전문가는?

① 판사로 3년 이상 종사한 경력이 있는 사람

② 공공기관에서 재무관련업무에 3년 이상 종사한 경력이 있는 사람

③ 주권상장법인에서 회계 관련 업무에 임직원으로 7년 이상 종사한 경력이 있는 사람

④ 금융감독원에서 감독업무에 5년 이상 종사한 경력이 있는 사람

(TIP) 중앙회 감사위원의 자격요건에 적합한 외부전문가〈수산업협동조합법 시행령 제24조의2〉
　　㉠ 중앙회, 조합 또는 검사대상기관(이에 상응하는 외국금융기관을 포함한다)에서 10년 이상 종사한 경력이 있는 사람. 다만, 중앙회 또는 조합에서 최근 2년 이내에 임직원으로 근무한 사람(중앙회 감사위원으로 근무 중이거나 근무한 사람은 제외한다)은 제외한다.
　　㉡ 수산업 또는 금융 관계 분야의 석사 이상의 학위를 소지한 사람으로서 연구기관 또는 대학에서 연구원 또는 조교수 이상의 직에 5년 이상 종사한 경력(학위 취득 전의 경력을 포함한다)이 있는 사람
　　㉢ 판사·검사·군법무관의 직에 5년 이상 종사하거나 변호사 또는 공인회계사로서 5년 이상 종사한 경력이 있는 사람
　　㉣ 주권상장법인에서 법률·재무·감사 또는 회계 관련 업무에 임원으로 5년 이상 또는 임직원으로 10년 이상 종사한 경력이 있는 사람
　　㉤ 국가, 지방자치단체, 공공기관 및 금융감독원에서 재무 또는 회계 관련 업무 및 이에 대한 감독업무에 5년 이상 종사한 경력이 있는 사람

21 다음 중 임원선출에 대한 설명으로 옳지 않은 것은?

① 회장 등 임원은 총회에서 선출한다.

② 사업전담대표이사와 상임이사는 인사추천위원회가 추천한 사람이어야 한다.

③ 중앙회의 회장선출에 대한 선거관리를 중앙선거관리위원회에 위탁하여야 한다.

④ 회장의 임기는 4년이며, 연임할 수 있다.

> **TIP** ④ 회장의 임기는 4년으로 하되, 연임할 수 없다〈수산업협동조합법 제134조 제5항〉.
> ② 수산업협동조합법 제134조 제2항 및 제3항
> ③ 수산업협동조합법 제134조 제7항
>
> ※ 회장, 사업전담대표이사, 상임이사, 비상임이사 모두 총회에서 선출한다.

22 다음 중 중앙회의 임원 중 임기가 다른 하나는?

① 회장   ② 사업전담대표이사

③ 상임이사   ④ 비상임이사

> **TIP** 회장의 임기는 4년이고 사업전담대표이사, 상임이사, 비상임이사의 임기는 2년이다〈수산업협동조합법 제134조〉.

23 중앙회의 임원자격을 설명한 것으로 옳지 않은 것은?

① 회장은 회원조합의 조합원이어야 한다.

② 사업전담대표이사는 대통령령으로 정하는 요건을 충족하는 사람이어야 한다.

③ 상임이사는 대통령령으로 정하는 요건에 준하는 자격을 갖춘 자이어야 한다.

④ 비상임이사는 회원조합장에 한해서 선출하여야 한다.

> **TIP** ④ 비상임이사는 총회에서 선출하되, 5명은 회원조합장이 아닌 사람 중에서 인사추천위원회에서 추천한 사람을 선출하고, 나머지 인원은 회원조합장 중에서 선출한다〈수산업협동조합법 제134조 제4항〉.
> ① 회장은 회원인 조합의 조합원이어야 한다〈수산업협동조합법 제134조 제1항〉.
> ② 사업전담대표이사는 전담사업에 관한 전문지식과 경험이 풍부한 사람으로서 경력 등 대통령령으로 정하는 요건을 충족하는 사람 중 인사추천위원회에서 추천한 사람으로 한다〈수산업협동조합법 제134조 제2항〉.
> ③ 상임이사는 대통령령으로 정하는 요건에 준하는 자격을 갖춘 자 중에서 인사추천위원회에서 추천한 사람으로 한다〈수산업협동조합법 제134조 제3항〉.

Answer   19.② 20.④ 21.④ 22.① 23.④

24 비상임이사 선출 시 인사추천위원회가 추천하는 5명의 자격기준은?

① 중앙회의 임원을 역임한 사람　　　　② 회원조합장인 사람

③ 회원조합장이 아닌 사람　　　　　　④ 감사위원을 역임한 사람

TIP 비상임이사는 총회에서 선출하되, 5명은 회원조합장이 아닌 사람 중에서 인사추천위원회에서 추천한 사람을 선출하고, 나머지 인원은 회원조합장 중에서 선출한다〈수산업협동조합법 제134조 제4항〉.

25 임원선출 시 인사추천위원회에서 추천을 받지 않아도 되는 임원은?

① 회장　　　　　　　　　　　　　　② 사업전담대표이사

③ 상임이사　　　　　　　　　　　　④ 비상임이사

TIP 임원의 선출 및 임기〈수산업협동조합법 제134조〉

구분	자격	임기	선출방법
회장	• 회원인 조합의 조합원인 사람	4년	총회에서 선출
사업전담대표이사	• 전담사업에 관한 전문지식과 경험이 풍부한 사람으로서 경력 등 대통령령으로 정하는 요건을 충족하는 사람 중 인사추천위원회에서 추천한 사람	2년	총회에서 선출
상임이사	• 대통령령으로 정하는 요건에 준하는 자격을 갖춘 자 중에서 인사추천위원회에서 추천한 사람	2년	총회에서 선출
비상임이사	• 5명은 회원조합장이 아닌 사람 중에서 인사추천위원회에서 추천한 사람을 선출 • 나머지 인원은 회원조합장 중에서 선출	2년	총회에서 선출

26 회원조합장이 상임인 임원으로 선출된 경우의 조치방법으로 옳은 것은?

① 취임 전에 회원조합장의 직을 사임하여야 한다.

② 취임 후 6개월 내에 회원조합장의 직을 사임하여야 한다.

③ 회원조합장 직을 유지하며 상임인 임원으로 활동할 수 있다.

④ 인사추천위원회의 승인을 받아야 한다.

TIP 회원조합장이 상임인 임원으로 선출된 경우에는 취임 전에 회원조합장의 직을 사임하여야 한다〈수산업협동조합법 제134조 제6항〉.

27 사업전담대표이사의 자격요건에 충족하는 사람은?

① 지구별수협에서 10년 이상 종사한 경력이 있는 사람

② 회원조합에서 5년 이상 임원으로 종사한 경력이 있는 사람

③ 중앙회에서 10년 이상 종사한 경력이 있는 사람

④ 수산업 관련 국가기관에서 5년 이상 종사한 경력이 있는 사람

TIP 사업전담대표이사의 자격요건을 충족하는 사람〈수산업협동조합법 시행령 제25조〉
   ㉠ 중앙회에서 10년 이상 종사한 경력이 있는 사람
   ㉡ 수산업 관련 국가기관·연구기관·교육기관 또는 상사회사에서 종사한 경력이 있는 사람으로서 중앙회 정관에서 ㉠의 사람과 같은 수준 이상의 자격이 있다고 인정하는 사람

28 다음 중 임원해임에 대한 설명으로 옳지 않은 것은?

① 회원은 회원 3분의 1 이상의 동의를 받아 총회에 임원의 해임을 요구할 수 있다.

② 총회에서 임원을 해임하려면 구성원 과반수의 출석과 출석구성원 3분의 2 이상의 찬성이 필요하다.

③ 해임의결을 할 때에는 해당 임원에게 해임 이유를 통지하고 총회에서 의견을 진술할 기회를 주어야 한다.

④ 임원의 해임은 이사회의 의결을 거쳐야 한다.

TIP ①②④ 임원의 해임은 총회에서 구성원 과반수의 출석과 출석구성원 3분의 2 이상의 찬성으로 해임을 의결한다〈수산업협동조합법 제135조 제3항〉.
   ③ 수산업협동조합법 제135조 제4항

29 사업전담대표이사 또는 상임이사의 해임을 요구할 수 있는 주체는?

① 회장   ② 회원조합장

③ 이사회   ④ 총회

TIP 이사회는 총회에 사업전담대표이사 또는 상임이사의 해임을 요구할 수 있다. 이 경우 총회는 구성원 과반수의 출석과 출석구성원 3분의 2 이상의 찬성으로 해임을 의결한다〈수산업협동조합법 제135조 제3항〉.

Answer   24.③ 25.① 26.① 27.③ 28.④ 29.③

30 사업전담대표이사 또는 상임이사의 해임을 요구할 수 있는 경우로 옳지 않은 것은?

① 경영상태를 평가한 결과 경영실적이 부실하여 그 직무를 담당하기 곤란하다고 인정되는 경우
② 수산업협동조합법법에 따른 명령을 위반하는 행위를 한 경우
③ 조합협의회의 의결로 해임을 요구하는 경우
④ 정관을 위반하는 행위를 한 경우

TIP 이사회는 사업전담대표이사 또는 상임이사의 경영상태를 평가한 결과 경영실적이 부실하여 그 직무를 담당하기 곤란하다고 인정되거나, 이 법이나 이 법에 따른 명령 또는 정관을 위반하는 행위를 한 경우에는 총회에 사업전담대표이사 또는 상임이사의 해임을 요구할 수 있다〈수산업협동조합법 제135조 제3항〉.

31 다음 중 중앙회의 집행간부에 관한 설명으로 옳지 않은 것은?

① 집행간부는 회장이 임면한다.
② 집행간부는 사업전담대표이사의 업무를 보좌한다.
③ 집행간부의 임기 및 직무 등에 관한 사항은 정관으로 정한다
④ 집행간부에 대해서는 상법과 상업등기법을 준용한다.

TIP ① 집행간부는 사업전담대표이사가 임면한다〈수산업협동조합법 제136조 제2항〉.
②③ 중앙회에 사업전담대표이사의 업무를 보좌하기 위하여 집행간부를 두되, 그 명칭, 임기 및 직무 등에 관한 사항은 정관으로 정한다〈수산업협동조합법 제136조 제1항〉.
④ 집행간부 및 일반간부직원에 대해서는 상법과 상업등기법을 준용한다〈수산업협동조합법 제136조 제5항〉.

32 중앙회의 업무에 관한 재판상 모든 행위를 할 권한을 가지는 대리인을 선임할 수 있는 사람은?

① 상임이사
② 집행간부
③ 사업전담대표이사
④ 일반간부직원

TIP 회장과 사업전담대표이사는 집행간부 또는 직원 중에서 중앙회의 업무에 관한 재판상 또는 재판 외의 모든 행위를 할 권한을 가지는 대리인을 선임할 수 있다〈수산업협동조합법 제136조 제4항〉.

33 회장 또는 사업전담대표이사가 대리인을 선임하였을 경우 선임등기를 해야 하는 기한은?

① 대리인 선임 후 1주일 이내   ② 대리인 선임 후 2주일 이내

③ 대리인 선임 후 3주일 이내   ④ 대리인 선임 후 1개월 이내

TIP 회장 또는 사업전담대표이사가 대리인을 선임하였을 때에는 2주일 이내에 대리인을 둔 주된 사무소와 해당 지사무소의 소재지에서 등기하여야 한다. 등기한 사항을 변경하는 경우에도 또한 같다〈수산업협동조합법 시행령 제27조 제1항〉.

34 대리인선임에 관한 등기신청을 할 때 첨부해야 할 서류로 옳지 않은 것은?

① 대리인의 권한을 제한한 경우에는 그 제한 내용

② 대리인의 선임을 증명하는 서면

③ 대리인의 권한을 제한한 경우 그 사실을 증명하는 서면

④ 대리인의 성명과 주소

TIP 대리인의 선임에 관한 등기를 신청할 때에는 대리인의 선임을 증명하는 서면과 그 대리인의 권한을 제한한 경우에는 그 사실을 증명하는 서면을 첨부하여야 한다〈수산업협동조합법 시행령 제27조 제2항〉.

35 회장이 대리인을 선임하였을 때 대리인을 둔 주된 사무소와 해당 지사무소의 소재지에 선임등기를 해야 한다. 이 때 등기해야 할 사항이 아닌 것은?

① 대리인을 둔 중앙회의 명칭과 주소

② 대리인을 둔 지사무소 임원의 성명과 주민등록번호

③ 대리인의 권한을 제한한 경우에는 그 제한 내용

④ 대리인의 성명과 주소

TIP 대리인의 선임등기 시 등기해야 할 사항〈수산업협동조합법 시행령 제27조 제1항〉
    ㉠ 대리인의 성명과 주소
    ㉡ 대리인을 둔 중앙회 또는 지사무소의 명칭과 주소
    ㉢ 대리인의 권한을 제한한 경우에는 그 제한 내용

Answer   30.③ 31.① 32.③ 33.② 34.④ 35.②

36 상임인 임원, 집행간부 및 일반간부직원이 다른 직업에 종사할 수 있는 경우는?

① 이사회가 승인한 경우

② 사업전담대표이사가 승인한 경우

③ 회장이 승인한 경우

④ 감사위원회가 승인한 경우

TIP 상임인 임원, 집행간부 및 일반간부직원은 직무와 관련되는 영리를 목적으로 하는 사업에 종사할 수 없으며, 이사회가 승인하는 경우를 제외하고는 다른 직업에 종사할 수 없다〈수산업협동조합법 제137조〉.

1 중앙회가 그 목적을 달성하기 위하여 수행하는 사업으로 옳지 않은 것은?

① 공제사업
② 의료지원사업
③ 후생복지사업
④ 파생상품시장에서의 거래

TIP ③ 후생복지사업은 지구별수협, 업종별수협, 수산물가공수협이 수행하는 사업이다〈수산업협동조합법 제60조, 제107조, 제112조〉.

2 다음 중 중앙회가 수행하는 사업에 해당되지 않은 것은?

① 신용사업
② 상호금융사업
③ 어업통신사업
④ 어선원 고용과 관련된 사업

TIP ① 신용사업은 지구별수협이 수행하는 사업이다〈수산업협동조합법 제60조 제1항 제3호〉.

　　※ **중앙회가 수행하는 사업**〈수산업협동조합법 제138조 제1항〉
　　　㉠ 교육 · 지원 사업
　　　㉡ 경제사업, 상호금융사업, 공제사업
　　　㉢ 의료지원사업, 파생상품시장에서의 거래
　　　㉣ 국가와 공공단체가 위탁하거나 보조하는 사업
　　　㉤ ㉠부터 ㉣까지의 사업에 관련된 대외무역
　　　㉥ 다른 경제단체 · 사회단체 및 문화단체와의 교류 · 협력
　　　㉦ 어업통신사업, 어업협정 등과 관련된 국제 민간어업협력사업
　　　㉧ 회원과 그 조합원을 위한 공동이용사업 및 운송사업
　　　㉨ 어선원 고용 및 복지와 관련된 사업
　　　㉩ 다른 법령에서 중앙회의 사업으로 정하는 사업
　　　㉪ ㉠부터 ㉩까지의 사업에 부대하는 사업
　　　㉫ 그 밖에 중앙회의 목적 달성에 필요한 사업으로서 해양수산부장관의 승인을 받은 사업

3 중앙회가 수행하는 사업 중 교육 · 지원사업에 해당되지 않는 것은?

① 회원에 대한 감사

② 회원의 조직 · 경영 및 사업에 관한 지도 · 조정

③ 회원과 그 조합원에 대한 보조금의 지급

④ 회원 및 출자회사의 경제사업의 조성 · 지도 및 조정

TIP ④는 중앙회가 수행하는 사업 중 경제사업에 해당한다〈수산업협동조합법 제138조 제1항 제2호〉.

※ **중앙회가 수행하는 사업 중 교육 · 지원 사업**〈수산업협동조합법 제138조 제1항 제1호〉
　㉠ 회원의 조직 · 경영 및 사업에 관한 지도 · 조정
　㉡ 회원의 조합원과 직원에 대한 교육 · 훈련 및 정보의 제공
　㉢ 회원과 그 조합원의 사업에 관한 조사 · 연구 및 홍보
　㉣ 회원과 그 조합원의 사업 및 생활 개선을 위한 정보망의 구축, 정보화 교육 및 보급 등을 위한 사업
　㉤ 회원과 그 조합원에 대한 보조금의 지급
　㉥ 수산업 관련 신기술의 개발 등을 위한 사업 및 시설의 운영
　㉦ 회원에 대한 감사
　㉧ 각종 사업을 위한 교육 · 훈련
　㉨ 회원과 그 조합원의 권익 증진을 위한 사업
　㉩ 명칭사용료의 관리 및 운영

4 다음 중 중앙회가 수행하는 사업 중 경제사업에 포함되지 않는 것은?

① 회원과 조합원을 위한 수산물의 처리 · 가공 및 제조 사업

② 회원에 대한 감사

③ 회원을 위한 제조 사업 및 그 공동사업과 업무의 대행

④ 중앙회가 출자한 회사의 경제사업의 조성 · 지도 및 조정

TIP ② 회원에 대한 감사는 교육 · 지원 사업에 해당한다〈수산업협동조합법 제138조 제1항 제4호〉.

※ **중앙회가 수행하는 사업 중 경제사업**〈수산업협동조합법 제138조 제1항 제2호〉
　㉠ 회원과 그 조합원을 위한 구매 · 보관 · 판매 · 제조사업 및 그 공동사업과 업무 대행
　㉡ 회원과 그 조합원을 위한 수산물의 처리 · 가공 및 제조 사업
　㉢ 회원 및 출자회사(중앙회가 출자한 회사만을 말한다)의 경제사업의 조성 · 지도 및 조정

5 중앙회가 수행하는 사업에서 상호금융사업에 해당되지 않는 것은?

① 회원의 예금 · 적금의 수납 · 운용   ② 회원의 신용사업 지도

③ 어음의 할인   ④ 국채증권 및 지방채증권의 인수 · 매출

TIP ③ 어음할인은 지구별수협의 신용사업 수행업무에 해당한다〈수산업협동조합법 제60조 제1항 제3호〉.

※ 중앙회가 수행하는 사업 중 상호금융사업〈수산업협동조합법 제138조 제1항 제1호〉

㉠ 대통령령으로 정하는 바에 따라 회원으로부터 예치된 여유자금 및 상환준비금의 운용 · 관리

㉡ 회원의 신용사업 지도

㉢ 회원의 예금 · 적금의 수납 · 운용

㉣ 회원에 대한 자금 대출

㉤ 국가 · 공공단체 또는 금융기관(은행과 그 외에 금융업무를 취급하는 금융기관을 포함한다)의 업무의 대리

㉥ 회원 및 조합원을 위한 내국환 및 외국환 업무

㉦ 회원에 대한 지급보증 및 회원에 대한 어음할인

㉧ 국채증권 및 지방채증권의 인수 · 매출

㉨ 직불전자지급수단의 발행 · 관리 및 대금의 결제

㉩ 선불전자지급수단의 발행 · 관리 및 대금의 결제

6 다음 중 회원의 상환준비금의 운용 · 관리방법으로 틀린 것은?

① 금융기관에의 예치   ② 대기업에 대한 대출

③ 공공기관에 대한 단기대출   ④ 금융투자상품의 매입

TIP 회원의 상환준비금의 운용 · 관리 방법〈수산업협동조합법 시행령 제27조의2〉

㉠ 회원에 대한 대출

㉡ 한국은행 또는 금융기관에의 예치

㉢ 금융기관에 대한 단기대출

㉣ 공공기관에 대한 단기대출

㉤ 금융투자상품의 매입(파생상품의 경우 위험회피를 위한 거래로 한정한다)

㉥ 상호금융예금자보호기금에 대한 자금 지원

7 다음 중 회원의 여유자금 운용·관리방법으로 옳지 않은 것은?

① 해외 부동산의 구입
② 중앙회 내에서 다른 사업 부문으로의 운용
③ 금융기관에 대한 대출
④ 상호금융예금자보호기금에 대한 자금 지원

TIP 회원의 여유자금의 운용·관리방법〈수산업협동조합법 시행령 제27조의3 제1항〉
　ㄱ 회원에 대한 대출
　ㄴ 한국은행 또는 금융기관에의 예치
　ㄷ 금융기관에 대한 대출
　ㄹ 공공기관에 대한 대출
　ㅁ 금융투자상품의 매입
　ㅂ 상호금융예금자보호기금에 대한 자금 지원
　ㅅ 법인에 대한 대출
　ㅇ 중앙회 내에서 다른 사업 부문으로의 운용
　ㅈ 그 밖에 해양수산부장관이 금융위원회와 협의하여 정하는 방법에 따른 운용

8 회원의 여유자금을 운용·관리함에 있어서 법인에 대한 대출을 설명한 것으로 옳지 않은 것은?

① 법인에 대한 대출은 직전 회계연도 말 여유자금 예치금 잔액의 3분의 1을 초과할 수 없다.
② 금융기관이 지급보증 하는 경우에는 여유자금 예치금 잔액의 초과금지의 제한이 없다.
③ 신용보증기금이 지급보증 할 경우에는 여유자금 예치금 잔액의 3분의 1을 초과할 수 있다.
④ 같은 법인에 대한 대출은 대출 당시 여유자금 예치금 잔액의 100분의 10을 초과할 수 없다.

TIP 법인에 대한 대출은 직전 회계연도 말 여유자금 예치금 잔액의 3분의 1을 초과할 수 없으며, 같은 법인에 대한 대출은 대출 당시 여유자금 예치금 잔액의 100분의 5를 초과할 수 없다. 다만, 금융기관, 신용보증기금, 기술보증기금, 주택금융신용보증기금 또는 농림수산업자신용보증기금이 지급보증하는 경우에는 그러하지 아니하다〈수산업협동조합법 시행령 제27조의3 제2항〉.

9 중앙회가 수행하는 상호금융사업 중 부대사업의 업무범위에 해당하는 사업은?

① 금융기관의 대출 알선
② 금융투자상품의 매입
③ 공공기관에 대한 대출
④ 환매조건부 채권의 매매

TIP 중앙회가 상호금융사업의 부대사업으로 할 수 있는 업무〈수산업협동조합법 시행령 제27조의4〉
　ㄱ 유가증권의 대차 거래
　ㄴ 환매조건부 채권의 매매. 다만, 매도 거래는 국가, 지방자치단체, 공공기관, 한국은행 또는 금융기관으로 한정한다.

10 중앙회의 사업을 이용하는 경우 회원이 이용한 것으로 보는 단체가 아닌 곳은?

① 어촌계

② 해당 지방자치단체

③ 준회원

④ 회원의 조합원 및 그와 동일한 세대에 속하는 사람

TIP 중앙회의 사업을 이용하는 경우 회원이 이용한 것으로 보는 단체〈수산업협동조합법 제139조 제2항〉
  ㉠ 회원의 조합원 및 그와 동일한 세대에 속하는 사람
  ㉡ 준회원
  ㉢ 어촌계

11 중앙회가 수산물등의 판매활성화를 위해 수립해야 하는 실행계획에 포함되어야 할 사항으로 옳지 않은 것은?

① 판매조직의 확보에 관한 사항

② 산지 및 소비지의 시설·장비 확보에 관한 사항

③ 수산물의 해외판매 촉진에 관한 사항

④ 수산물등의 판매활성화 사업에 필요한 사항

TIP 수산물등의 판매활성화를 위해 수립해야 하는 실행계획에 포함되어야 할 사항〈수산업협동조합법 제139조의2 제1항〉
  ㉠ 산지 및 소비지의 시설·장비 확보에 관한 사항
  ㉡ 판매조직의 확보에 관한 사항
  ㉢ 그 밖에 수산물등의 판매활성화 사업에 필요한 사항

12 중앙회가 수행하는 수산물등의 판매활성화사업을 회장이 평가·점검해야 하는 주기는?

① 매년 1회 이상

② 매년 2회 이상

③ 매년 3회 이상

④ 매년 4회 이상

TIP 회장은 중앙회가 수행하는 수산물등의 판매활성화 사업을 매년 1회 이상 평가·점검하여야 한다〈수산업협동조합법 제139조의3 제1항〉.

Answer   7.① 8.④ 9.④ 10.② 11.③ 12.①

13 다음 중 평가협의회에 대한 설명으로 옳지 않은 것은?

① 평가협의회는 수산물등의 판매활성화사업 점검 및 평가에 대한 자문을 한다.

② 평가협의회는 9명의 위원으로 구성한다.

③ 회장은 평가협의회의 자문내용을 위하여 회원 등에 자료의 제출을 요청할 수 있다.

④ 평가협의회의 구성ㆍ운영 등에 관한 세부사항은 해양수산부장관이 정한다.

TIP ④ 수산물등 판매활성화 사업의 평가ㆍ점검 및 평가협의회의 구성ㆍ운영 등에 관한 세부사항은 회장이 정한다〈수산업협동조합법 제139조의3 제5항〉.
　① 수산업협동조합법 제139조의3 제2항 제1호
　② 수산업협동조합법 제139조의3 제4항
　③ 수산업협동조합법 제139조의3 제3항

14 다음 중 평가협의회를 구성해야 하는 위원의 숫자가 잘못 연결된 것은?

① 회장이 위촉하는 수산 관련 단체 대표 : 1명

② 해양수산부장관이 소속 공무원 중에서 지정하는 사람 : 2명

③ 회장이 필요하다고 인정하여 위촉하는 사람 1명

④ 회장이 소속 임직원 및 조합장 중에서 위촉하는 사람 : 3명

TIP 평가협의회를 구성해야 하는 9명의 위원〈수산업협동조합법 제139조의3 제4항〉.
　㉠ 회장이 위촉하는 수산 관련 단체 대표 1명
　㉡ 회장이 위촉하는 수산물등 유통 및 어업 관련 전문가 2명
　㉢ 회장이 소속 임직원 및 조합장 중에서 위촉하는 사람 3명
　㉣ 해양수산부장관이 소속 공무원 중에서 지정하는 사람 1명
　㉤ 수산업 관련 국가기관, 연구기관, 교육기관 또는 기업에서 종사한 경력이 있는 사람으로서 회장이 위촉하는 사람 1명
　㉥ 그 밖에 회장이 필요하다고 인정하여 위촉하는 사람 1명

15 다음 중 유통지원자금의 조성·운용에 대한 설명으로 옳지 않은 것은?

① 유통지원자금은 수산물의 가공 및 유통사업에 사용할 수 있다.

② 유통지원자금은 명칭사용료 및 임의적립금 등으로 조성한다.

③ 중앙회는 회원에게 지원하기 위하여 유통지원자금을 조성·운용할 수 있다.

④ 유통지원자금의 조성 및 운용에 관한 세부사항은 정관으로 정한다.

(TIP) ③ 중앙회는 회원의 조합원이 생산한 수산물등의 원활한 유통을 지원하기 위하여 유통지원자금을 조성·운용할 수 있다〈수산업협동조합법 제139조의4 제1항〉.
   ① 수산업협동조합법 제139조의4 제2항 1호
   ② 수산업협동조합법 제139조의4 제3항
   ④ 수산업협동조합법 제139조의4 제5항

16 다음 중 유통지원자금의 운용할 수 있는 사업으로 옳지 않은 것은?

① 수산물등의 유통·가공사업　　　　　　② 매취사업

③ 수산물 유통조절 및 비축사업　　　　　④ 수산물등의 출하조절사업

(TIP) 유통지원자금을 운용할 수 있는 사업〈수산업협동조합법 제139조의4 제2항〉
   ㉠ 수산물등의 유통·가공사업
   ㉡ 수산물등의 출하조절사업
   ㉢ 수산물등의 공동규격 출하촉진사업
   ㉣ 매취사업
   ㉤ 그 밖에 중앙회가 필요하다고 인정하는 유통 관련 사업

17 다음 중 압류할 수 없는 자금으로 옳은 것은?

① 중앙회가 국가로부터 차입한 자금 중 회원에 대한 여신자금
② 어업인이 조합으로부터 차입한 자금
③ 수협은행으로부터 20톤 미만의 어선을 담보로 차입한 자금
④ 시장 · 군수 · 구청장의 추천으로 차입한 자금

(TIP) 압류의 대상이 될 수 없는 자금〈수산업협동조합법 제141조 제2항〉
　　ⓐ 중앙회가 국가로부터 차입한 자금 중 회원 또는 어업인에 대한 여신자금
　　ⓑ 조합이 중앙회로부터 차입한 자금

18 수협은행으로부터 자금차입을 위해 총톤수 20톤 미만의 어선을 담보로 제공할 경우 수협은행장이 대출 관련 서면을 제출해야 할 대상은?

① 해양경찰서　　　　　　　　　　　② 중앙회장
③ 시장 · 군수 · 구청장　　　　　　　④ 금융감독원장

(TIP) 조합, 중앙회 또는 수협은행으로부터 자금을 차입하는 자가 등록된 총톤수 20톤 미만의 어선(총톤수 5톤 미만의 무동력어선은 제외한다)을 담보로 제공하는 경우에는 조합장, 지도경제사업대표이사 또는 수협은행장은 다음의 사항을 적은 서면을 시장 · 군수 · 구청장에게 제출하여야 한다〈수산업협동조합법 시행령 제29조 제1항〉.
　　ⓐ 자금차입자의 주소 및 성명
　　ⓑ 자금의 대출기관명
　　ⓒ 자금의 대출액
　　ⓓ 상환기간, 이율 및 그 밖의 대출조건

19 수협은행으로부터 총톤수 20톤 미만의 담보가 설정된 어선의 명의를 변경하고자 할 때의 조치방법은?

① 수협은행장의 동의 또는 상환완료증명서 수령
② 수협은행장의 동의와 어선명의자의 동의서
③ 어선 매매 계약서 제출
④ 중앙회의 허가 및 조합장에게 신고

(TIP) 시장 · 군수 · 구청장은 담보로 제공된 어선에 대하여 소유자 명의변경 신청이 있을 때에는 자금을 대출한 조합장, 지도경제사업대표이사 또는 수협은행장의 동의를 받거나 상환완료증명서를 받은 후 그 명의를 변경하여야 한다〈수산업협동조합법 시행령 제29조 제3항〉.

20 다음은 국가보조 또는 융자사업에 대한 정보공시에 대한 법조항이다. (   ) 안에 알맞은 것은?

> 중앙회는 국가로부터 자금이나 사업비의 전부 또는 일부를 보조 또는 융자받아 시행한 직전 연도 사업에 관련된 자금 사용내용 등 대통령령으로 정하는 정보를 매년 4월 30일까지 공시하여야 한다.

① 1월 31일   ② 3월 31일

③ 4월 30일   ④ 5월 31일

TIP 중앙회는 국가로부터 자금이나 사업비의 전부 또는 일부를 보조 또는 융자받아 시행한 직전 연도 사업에 관련된 자금 사용내용 등 대통령령으로 정하는 정보를 매년 4월 30일까지 공시하여야 한다〈수산업협동조합법 제141조의2 제1항〉.

21 다음 중 국가보조 또는 융자사업에 대한 공시정보대상으로 옳지 않은 것은?

① 융자받은 금액   ② 회원조합의 명부

③ 사업수행주체   ④ 자금 사용내용

TIP 국가 보조 또는 융자사업에 대한 공시정보대상〈수산업협동조합법 시행령 제29조의2〉
  ㉠ 사업명
  ㉡ 보조 또는 융자받은 금액
  ㉢ 사업수행주체
  ㉣ 사업기간
  ㉤ 자금 사용내용
  ㉥ 그 밖에 중앙회가 국가 보조 또는 융자사업에 대하여 공시할 필요가 있다고 판단한 정보

  ※ 중앙회의 회장 및 사업전담대표이사는 소관 업무의 범위에서 국가보조 또는 융자사업에 대한 자금 사용내용 등을 중앙회의 이사회에 보고하고 중앙회의 인터넷 홈페이지에 공시하여야 한다〈수산업협동조합법 시행규칙 제10조〉.

Answer   17.① 18.③ 19.① 20.③ 21.②

22 다음 중 중앙회수행사업을 하기 위해 중앙회가 같은 법인에 출자할 수 있는 한도는?

① 자기자본의 10% 이내   ② 자기자본의 15% 이내

③ 자기자본의 20% 이내   ④ 자기자본의 30% 이내

TIP 중앙회는 중앙회수행사업을 하기 위하여 자기자본의 범위에서 다른 법인에 출자할 수 있다. 다만, 같은 법인에 대한 출자한도는 자기자본의 100분의 20 이내에서 정관으로 정한다〈수산업협동조합법 제141조의3 제1항〉.

23 중앙회는 다른 법인의 의결권 있는 주식을 15%를 초과하여 취득할 수 없다. 다음 중 15%를 초과하여 취득할 수 있는 경우는?

① 중앙회의 사업수행을 위하여 필요한 경우

② 기업의 구조조정으로 대출금을 출자로 전환하는 경우

③ 주식배당이나 무상증자에 따라 주식을 취득하는 경우

④ 중앙회 회원의 동의를 받은 경우

TIP 중앙회는 다른 법인이 발행한 의결권 있는 주식(출자지분을 포함한다)의 100분의 15를 초과하는 주식을 취득할 수 없다. 다만, 다음의 어느 하나에 해당하는 경우에는 그러하지 아니하다〈수산업협동조합법 제141조의3 제2항〉.
    ㉠ 중앙회의 사업수행을 위하여 필요한 경우
    ㉡ 주식배당이나 무상증자에 따라 주식을 취득하게 되는 경우
    ㉢ 기업의 구조조정 등으로 인하여 대출금을 출자로 전환함에 따라 주식을 취득하게 되는 경우
    ㉣ 담보권의 실행으로 인하여 주식을 취득하게 되는 경우
    ㉤ 기존 소유지분의 범위에서 유상증자에 참여함에 따라 주식을 취득하게 되는 경우
    ㉥ 신주인수권부사채 등 주식 관련 채권을 주식으로 전환함에 따라 주식을 취득하게 되는 경우
    ㉦ 수협은행의 주식을 취득하는 경우

24 중앙회가 수협은행주식을 취득하기 위해 출자할 경우 사업전담대표이사가 출자목적 등을 총회에 보고해야 하는 기한은?

① 1개월 이내　　　　　　　　　　② 3개월 이내
③ 6개월 이내　　　　　　　　　　④ 9개월 이내

TIP 중앙회가 수협은행의 주식을 취득하기 위하여 출자하는 경우에는 자기자본을 초과하여 출자할 수 있다. 이 경우 사업전담대표이사는 3개월 이내에 출자의 목적 및 금액 등을 총회에 보고하여야 한다〈수산업협동조합법 제141조의3 제4항〉.

※ 중앙회는 경제사업을 수행하기 위하여 다른 법인에 출자하는 경우 회원과 공동으로 출자하여 운영함을 원칙으로 한다〈수산업협동조합법 제141조의3 제5항〉.

Answer　22.③　23.④　24.②

1 다음 중 수협은행 설립의 목적에 부합하지 않는 것은?

① 어업인과 조합의 자율적인 경제활동 지원　② 어업인의 금융자문 및 조언 제공
③ 어업인의 경제적 지위향상 촉진　④ 어업인과 조합에 필요한 금융 제공

TIP 수협은행의 설립목적 … 중앙회는 어업인과 조합에 필요한 금융을 제공함으로써 어업인과 조합의 자율적인 경제활동을 지원하고 그 경제적 지위의 향상을 촉진하기 위하여 신용사업을 분리하여 그 사업을 하는 법인으로서 수협은행을 설립한다〈수산업협동조합법 제141조의4 제1항〉.

2 다음 중 수협은행의 정관에 포함되어야 할 사항으로 옳지 않은 것은?

① 주주총회에 관한 사항
② 본점, 지점, 출장소와 대리점에 관한 사항
③ 적립금의 종류와 적립 방법에 관한 사항
④ 수산금융채권에 관한 사항

TIP 수협은행의 정관에 포함되어야 할 사항〈수산업협동조합법 제141조의5 제1항〉.
　㉠ 목적
　㉡ 명칭
　㉢ 본점, 지점, 출장소와 대리점에 관한 사항
　㉣ 자본금 및 주식에 관한 사항
　㉤ 임원과 직원에 관한 사항
　㉥ 주주총회에 관한 사항
　㉦ 이사회에 관한 사항
　㉧ 업무와 그 집행에 관한 사항
　㉨ 수산금융채권에 관한 사항
　㉩ 회계에 관한 사항
　㉪ 공고의 방법

3 다음 중 수협은행의 정관을 변경하고자 할 때 인가를 받아야 할 곳은?

① 해양수산부장관

② 금융감독위원장

③ 기획재정부장관

④ 금융위원회 위원장

TIP 수협은행의 정관을 작성하거나 변경할 때에는 해양수산부장관의 인가를 받아야 한다. 이 경우 해양수산부장관은 미리 금융위원회와 협의하여야 한다〈수산업협동조합법 제141조의5 제2항〉.

4 다음 중 수협은행의 설립에 관한 설명 중 틀린 것은?

① 수협은행은 본점의 소재지에서 설립등기를 함으로써 설립된다.

② 등기하여야 할 사항은 등기한 후가 아니면 제3자에게 대항하지 못한다.

③ 수협은행은 대통령령으로 정하는 바에 따라 등기하여야 한다.

④ 수협은행은 설립등기를 한 후 2주일 이내에 지점의 소재지에서 등기하여야 한다.

TIP 수협은행은 설립등기를 한 후 3주일 이내에 지점의 소재지에서 등기사항을 등기하여야 한다〈수산업협동조합법 시행령 제29조의3 제2항〉.

5 다음 중 수협은행의 등기사항으로 옳지 않은 것은?

① 발행할 주식의 총수 및 1주의 금액

② 수협은행장 예금상품의 종류

③ 자본금의 금액

④ 이사 및 감사의 성명 및 주민등록번호

TIP 수협은행의 등기사항〈수산업협동조합법 시행령 제29조의3 제1항〉
  ㉠ 목적 및 명칭
  ㉡ 본점 및 지점의 소재지
  ㉢ 자본금, 발행할 주식의 총수 및 1주의 금액
  ㉣ 발행한 주식의 총수 및 종류와 종류별 내용 및 수
  ㉤ 수협은행장의 성명·주민등록번호 및 주소
  ㉥ 이사 및 감사의 성명 및 주민등록번호
  ㉦ 공고의 방법

Answer 1.② 2.③ 3.① 4.④ 5.②

6 수협은행 본점의 소재지에서 지점을 설치하였을 때 등기해야 할 사항으로 옳은 것은?

① 공고의 방법　　　　　　　　　　　② 목적 및 명칭

③ 본점의 소재지　　　　　　　　　　④ 소재지와 설치일

TIP 수협은행이 본점의 소재지에서 지점을 설치하였을 때에는 지점을 설치한 날부터 2주일 이내에 지점의 소재지와 설치일을 등기하여야 한다〈수산업협동조합법 시행령 제29조의3 제3항 제1호〉.

7 수협은행이 지점을 설치하였을 때 등기해야 할 사항으로 옳지 않은 것은?

① 자본금, 발행할 주식의 총수 및 1주의 금액　　② 본점 및 지점의 소재지

③ 수협은행장의 성명 · 주민등록번호 및 주소　　④ 목적 및 명칭

TIP 수협은행이 지점을 설치하였을 때 등기해야 할 사항〈수산업협동조합법 시행령 제29조의3 제3항 제1호〉
　　㉠ 목적
　　㉡ 명칭
　　㉢ 본점의 소재지
　　㉣ 지점의 소재지
　　㉤ 수협은행장의 성명 · 주민등록번호 및 주소
　　㉥ 공고의 방법

8 수협은행의 등기해야 하는 기한이 다른 하나는?

① 수협은행이 본점을 이전하였을 때의 등기

② 등기사항에 변경이 있을 때의 등기

③ 수협은행장의 성명 · 주민등록번호 및 주소가 변경된 경우 지점의 소재지에서의 등기

④ 수협은행이 지점을 이전하였을 때의 등기

TIP 수협은행이 등기해야 할 기한〈수산업협동조합법 시행령 제29조의3〉
　　㉠ 수협은행이 지점을 설치하였을 때 본점의 소재지에서는 지점을 설치한 날부터 2주일 이내〈제3항 제1호〉.
　　㉡ 수협은행이 지점을 설치하였을 때 해당 지점의 소재지에서는 지점을 설치한 날부터 3주일 이내〈제3항 제2호〉.
　　㉢ 수협은행이 본점을 이전하였을 때에는 2주일 이내〈제4항〉.
　　㉣ 수협은행이 지점을 이전하였을 때에는 2주일 이내〈제5항〉.
　　㉤ 등기사항에 변경이 있을 때에는 본점의 소재지에서 2주일 이내〈제6항〉.
　　㉥ 목적, 명칭, 본점의 소재지, 지점의 소재지, 수협은행장의 성명 · 주민등록번호 및 주소, 공고의 방법 등의 사항이 변경된 경우에 지점의 소재지에서는 3주일 이내〈제6항〉.
　　㉦ 수협은행장이 대리인을 선임하였을 때에는 2주일 이내〈제27조 제1항 준용〉.

9 수협은행장이 대리인을 선임하였을 때의 등기사항으로 옳지 않은 것은?

① 대리인의 성명과 주소
② 대리인을 지정한 수협은행장의 성명·주민등록번호 및 주소
③ 대리인의 권한을 제한한 경우에는 그 제한 내용
④ 대리인을 둔 본점 또는 지점의 명칭과 주소

TIP 수협은행장이 대리인을 선임하였을 때의 등기사항〈수산업협동조합법 시행령 제27조 제1항 준용〉
　ⓐ 대리인의 성명과 주소
　ⓑ 대리인을 둔 본점 또는 지점의 명칭과 주소
　ⓒ 대리인의 권한을 제한한 경우에는 그 제한 내용

10 다음 중 수협은행 임원의 임기는?

① 1년 이내
② 2년 이내
③ 3년 이내
④ 4년 이내

TIP 임원의 임기는 3년 이내의 범위에서 정관으로 정한다〈수산업협동조합법 제141조의7 제4항〉.

11 다음 중 수협은행의 임원에 대한 설명으로 옳지 않은 것은?

① 수협은행에 임원으로 은행장, 이사 및 감사를 둔다.
② 은행장은 추천위원회의 추천을 받아 해양수산부장관이 지명한다.
③ 이사는 예금보험공사가 추천할 수 있다.
④ 이사 및 감사는 주주총회에서 선출한다.

TIP 수협은행의 임원〈수산업협동조합법 제141조의7〉
　ⓐ 수협은행에 임원으로 은행장, 이사 및 감사를 둔다.
　ⓑ 은행장은 주주총회에서 선출하되, 정관으로 정하는 추천위원회에서 추천한 사람으로 한다.
　ⓒ 이사 및 감사는 정관으로 정하는 바에 따라 주주총회에서 선출한다. 다만, 예금보험공사가 신용사업특별회계에 출자한 우선출자금이 있는 경우에는 우선출자금이 전액 상환될 때까지 예금보험공사가 추천하는 사람 1명 이상을 이사에 포함하여 선임하여야 한다.
　ⓓ 임원의 임기는 3년 이내의 범위에서 정관으로 정한다.

Answer　6.④ 7.① 8.③ 9.② 10.③ 11.②

12 다음 중 수협은행의 이사회에 대한 설명으로 옳지 않은 것은?

① 이사회는 은행장과 이사 및 감사로 구성한다.
② 이사회는 구성원 과반수의 출석으로 개의하고 출석구성원 과반수의 찬성으로 의결한다.
③ 감사는 이사회에 출석하여 의견을 진술할 수 있다.
④ 이사회는 수협은행의 업무에 관한 중요사항을 의결한다.

TIP 수협은행의 이사회〈수산업협동조합법 제141조의8〉
　　㉠ 이사회는 은행장과 이사로 구성하고, 수협은행의 업무에 관한 중요 사항을 의결한다.
　　㉡ 은행장은 이사회를 소집하고 그 의장이 된다.
　　㉢ 이사회는 구성원 과반수의 출석으로 개의하고 출석구성원 과반수의 찬성으로 의결한다.
　　㉣ 감사는 이사회에 출석하여 의견을 진술할 수 있다.

13 수협은행의 업무에 대한 설명으로 옳지 않은 것은?

① 중앙회 및 조합 전산시스템의 위탁운영 및 관리한다.
② 수산물의 생산·유통을 위한 필요한 어업인의 자금을 우선적으로 공급할 수 있다.
③ 경제사업 활성화에 필요한 자금을 조합 및 중앙회에 대출할 경우에는 대통령령에 따라야 한다.
④ 우선적으로 자금을 공급할 때에는 해양수산부령으로 정하는 바에 따라 우대조치를 할 수 있다.

TIP ③ 수협은행은 조합 및 중앙회의 경제사업 활성화에 필요한 자금은 우선적으로 공급할 수 있다〈수산업협동조합법 제141조의9 제4항〉.
　　① 수산업협동조합법 제141조의9 제1항 제7호
　　② 수산업협동조합법 제141조의9 제4항 제1호
　　④ 수산업협동조합법 제141조의9 제5항
　　※ **수협은행의 우대조치** … 수협은행은 조합 및 중앙회에 자금을 지원하는 경우 이자, 수수료 및 대출기간 등 지원조건을 우대할 수 있다〈수산업협동조합법 시행규칙 제10조의2〉.

14 다음 중 수협은행의 업무내용으로 옳지 않은 것은?

① 조합 및 중앙회의 사업자금의 대출
② 국가나 공공단체의 업무 대리
③ 중앙회가 위탁하는 공제상품의 판매업무
④ 조합원에 대한 보조금의 지급

TIP 수협은행의 업무〈수산업협동조합법 제141조의9 제1항〉
ㄱ 수산자금 등 어업인 및 조합에서 필요한 자금의 대출
ㄴ 조합 및 중앙회의 사업자금의 대출
ㄷ 국가나 공공단체의 업무 대리
ㄹ 국가, 공공단체, 중앙회 및 조합이 위탁하거나 보조하는 업무
ㅁ 「은행법」에 따른 은행업무와 그에 따른 부수업무 및 겸영업무
ㅂ 중앙회가 위탁하는 공제상품의 판매 및 그 부수업무
ㅅ 중앙회 및 조합 전산시스템의 위탁운영 및 관리

15 수협은행이 수행하는 업무 중 서면으로 위탁계약을 체결해야 하는 업무로 옳지 않은 것은?

① 조합이 위탁하거나 보조하는 업무
② 외국인 기업이 위탁한 예금관련 업무
③ 중앙회가 위탁하는 공제상품의 판매
④ 조합 전산시스템의 위탁운영 및 관리

TIP 위탁계약을 체결해야 하는 업무〈수산업협동조합법 시행령 제29조의4 제1항〉
ㄱ 국가, 공공단체, 중앙회 및 조합이 위탁하거나 보조하는 업무
ㄴ 중앙회가 위탁하는 공제상품의 판매 및 그 부수업무
ㄷ 중앙회 및 조합 전산시스템의 위탁운영 및 관리

16 중앙회가 위탁하거나 보조하는 업무를 수행할 경우 협의구성원에 포함되지 않는 자는?

① 해양수산부장관
② 금융위원회위원장
③ 금융감독원장
④ 수협은행장

TIP 수협은행은중앙회가 위탁하거나 보조하는 업무를 수행하는 경우 금융관계법령과의 상충여부를 판단하기 위하여 필요한 경우에는 해양수산부장관 및 금융위원회위원장과 협의하여야 한다〈수산업협동조합법 시행령 제29조의4 제2항〉.

Answer 12.① 13.③ 14.④ 15.② 16.③

17 다음 (   ) 안에 해당되는 업무로 옳지 않은 것은?

> 수협은행은 중앙회 또는 조합으로부터 (   ), (   ), (   )와 관련한 전산시스템의 개발, 운영 및 정보처리 업무를 위탁받아 수행할 수 있다.

① 예산 · 결산 및 자금조달사업
② 신용사업
③ 상호금융사업
④ 중앙회 및 조합이 위탁는 업무

TIP 수협은행이 중앙회 또는 조합으로부터 전산시스템의 개발, 운영 및 정보처리 업무를 위탁받아 수행할 수 있는 업무 〈수산업협동조합법 시행령 제29조의4 제4항〉.
ㄱ 신용사업
ㄴ 상호금융사업
ㄷ 그 밖에 중앙회 및 조합이 위탁하거나 보조하는 업무

18 수협은행이 중앙회로부터 위탁받아 수행할 수 있는 업무가 아닌 것은?

① 공제계약의 유지 및 관리업무
② 청약철회 및 부활 관련업무
③ 각종 지급금 및 사고공제금 지급업무
④ 교육 · 지원 사업업무

TIP 수협은행이 중앙회로부터 위탁받아 수행할 수 있는 업무〈수산업협동조합법 시행령 제29조의4 제3항〉
ㄱ 공제모집, 공제계약의 유지 및 관리업무
ㄴ 각종 지급금 및 사고공제금 지급업무
ㄷ 공제계약의 해지, 청약철회 및 부활 관련업무
ㄹ 공제계약 대출 관련 업무
ㅁ 그 밖에 해양수산부장관이 정하여 고시하는 업무

19 수협은행이 중앙회로부터 위탁받아 수행할 수 있는 업무 중 공제모집, 공제계약의 유지 및 관리업무에 속하지 않는 것은?

① 사고공제금 지급업무
② 공제료 납입증명서 등 각종 증명서의 발행업무
③ 공제료 수납업무
④ 공제계약의 체결을 중개하거나 대리하는 업무

20 수협은행이 중앙회로부터 위탁받은 업무 중 각종 지급금 및 사고공제금 지급업무에 포함되는 것은?

① 공제계약 관계자의 정보등록업무

② 공제계약 대출신청 접수업무

③ 만기공제금, 해지환급금 등 각종 지급금 지급업무

④ 공제증권 등 각종 증명서의 발행 업무

21 중앙회로부터 수협은행이 위탁받은 업무 중 공제계약 대출관련 업무에 속하는 것은?

① 공제계약의 해지업무　　　　　　　② 대출실행 및 상환업무

③ 공제계약 대출관련업무　　　　　　④ 공제계약의 청약철회업무

Answer　17.① 18.④ 19.① 20.③ 21.②

1 중앙회의 회장이 회원의 경영상태를 평가한 후 취할 수 있는 조치로 적절하지 않은 것은?

① 회원에게 경영개선을 요구할 수 있다.
② 회원에게 합병을 권고할 수 있다.
③ 회장의 조치결과를 회원조합장이 이사회와 총회에 보고한다.
④ 회원의 경영 상태에 문제가 있으면 회원의 해임을 명할 수 있다.

TIP 회장은 회원의 경영상태를 평가하고 그 결과에 따라 회원에게 경영개선을 요구하거나 합병을 권고하는 등 필요한 조치를 할 수 있다. 이 경우 회원조합장은 그 조치결과를 조합의 이사회 · 총회 및 회장에게 보고하여야 한다〈수산업협동조합법 제142조 제2항〉.

2 회장이 회원의 건전한 업무운영을 위해 해양수산부장관에게 요청할 수 있는 것으로 옳지 않은 것은?

① 정관 또는 규약의 변경
② 업무의 전부 또는 일부의 정지처분
③ 조합장의 해임처분
④ 재산의 공탁 또는 처분의 금지요청

TIP 회장은 회원의 건전한 업무 운영과 회원의 조합원 또는 제3자의 보호를 위하여 필요하다고 인정할 때에는 해당 업무에 관하여 해양수산부장관에게 다음의 처분을 하여 줄 것을 요청할 수 있다〈수산업협동조합법 제142조 제3항〉.
  ㉠ 정관 또는 규약의 변경
  ㉡ 업무의 전부 또는 일부의 정지
  ㉢ 재산의 공탁 · 처분의 금지
  ㉣ 그 밖에 필요한 처분

3 중앙회의 회장이 경영평가결과 경영상태가 극히 불량한 회원에 대해 취할 수 있는 조치로 옳은 것은?

① 그 회원소속의 임원을 즉시 해임한다.

② 중앙회 소속직원을 파견하여 업무를 지도한다.

③ 해양수산부장관에게 지체 없이 보고한다.

④ 중앙회 소속직원으로 하여금 그 회원의 업무를 위임받는다.

TIP 회장은 경영평가 또는 감사결과 결손금 및 사고금이 너무 많이 발생하거나 그 밖에 이에 준하는 사유로 경영상태가 극히 불량한 회원에 대하여 그 경영의 빠른 정상화와 조합원 또는 제3자 보호를 위하여 특히 필요하다고 인정할 때에는 소속직원을 그 회원에 파견하여 업무를 지도할 수 있다〈수산업협동조합법 시행령 제69조 제1항〉.

4 중앙회가 회원에게 자료제출 및 관련자의 출석·진술을 요구할 수 있는 경우는?

① 부실경영으로 인해 파산 직전에 있는 경우   ② 조합협의회에서 출석을 요구받은 경우

③ 회원의 경영평가 및 감사목적이 있을 경우   ④ 이사회에서 출석·진술을 요구한 경우

TIP 중앙회는 사업수행과 회원에 대한 지도, 경영평가 및 효율적인 감사를 위하여 필요한 경우 자료의 제출, 관련자의 출석·진술을 요구할 수 있다〈수산업협동조합법 시행령 제69조 제2항〉.

5 중앙회의 지도·감독에 대한 설명으로 옳지 않은 것은?

① 중앙회의 회장은 회원을 지도·감독하며 필요할 경우 규약·예규 등을 정할 수 있다.

② 중앙회는 자회사를 지도·감독한 후 결과에 따라 필요한 조치를 요구할 수 있다.

③ 중앙회는 자회사가 회원 및 조합원의 이익에 기여할 수 있도록 지도·감독하여야 한다.

④ 중앙회의 회장은 회원업무의 업무정지처분을 해양수산부장관에게 요청할 수 있다.

TIP ① 중앙회의 회장은 회원을 지도할 수 있다〈수산업협동조합법 제142조 제1항〉.

② 수산업협동조합법 142조의2 제2항

③ 수산업협동조합법 142조의2 제1항

④ 수산업협동조합법 142조 제3항 제2호

※ 회장은 수산업협동조합법에서 정하는 바에 따라 회원을 지도하며 이에 필요한 규약·규정 또는 예규 등을 정할 수 있다〈수산업협동조합법 제142조 제1항〉.

Answer   1.④ 2.③ 3.② 4.③ 5.①

6 다음 중 조합감사위원회에 대한 설명으로 타당하지 않은 것은?

① 조합감사위원회(이하 "위원회"라 한다)는 회원의 업무를 지도·감사한다.

② 조합에서 최근 2년 이내에 임직원으로 근무한 사람은 위원이 될 수 없다.

③ 위원회는 회장이 요청하는 사항을 의결한다.

④ 회원의 조합장과 조합원 중에서 위원을 구성한다.

> **TIP** ④ 회원의 조합장과 조합원은 위원이 될 수 없다〈수산업협동조합법 제144조 제1항〉.
>   ① 수산업협동조합법 제143조 제1항
>   ② 수산업협동조합법 시행령 제30조 제2호
>   ③ 수산업협동조합법 제145조 제6호

7 다음 중 위원회에 대한 설명으로 옳지 않은 것은?

① 회장 소속으로 회원의 업무를 지도·감사한다.

② 위원회는 위원장을 포함하여 7명의 위원으로 구성한다.

③ 위원회의 구성목적은 회원의 건전한 발전을 도모하기 위함이다.

④ 위원회의 감사사무를 처리하기 위해 필요한 기구를 둘 수 있다.

> **TIP** ② 위원회는 위원장을 포함하여 5명의 위원으로 구성하되, 위원장은 상임으로 한다〈수산업협동조합법 제143조 제2항〉.
>   ①③ 수산업협동조합법 제143조 제1항
>   ④ 수산업협동조합법 제143조 제3항

8 다음 중 위원회의 위원장에 대한 설명으로 옳지 않은 것은?

① 위원장은 위원 중에서 호선으로 선출한다.

② 위원장의 임기는 2년으로 한다.

③ 위원장과 위원은 감사 또는 회계업무에 관한 전문지식이 있어야 한다. (제144조 제2항)

④ 위원장은 회장이 임명한다.

> **TIP** ② 위원장과 위원의 임기는 3년으로 한다〈수산업협동조합법 제144조 제3항〉.
>   ①④ 위원장은 위원 중에서 호선으로 선출하고 회장이 임명한다. 다만, 회원의 조합장과 조합원은 위원이 될 수 없다〈수산업협동조합법 제144조 제1항〉.
>   ③ 제위원장과 위원은 감사 또는 회계 업무에 관한 전문지식과 경험이 풍부한 사람으로서 대통령령으로 정하는 요건을 충족하여야 한다〈수산업협동조합법 제144조 제2항〉.

9 수산업협동조합법령상 위원회의 위원을 추천할 수 없는 사람은?

① 중앙회회장   ② 인사추천위원회

③ 기획재정부장관   ④ 해양수산부장관

TIP 위원 추천자 및 추천인원〈수산업협동조합법 제144조 제1항〉
     ⊙ 인사추천위원회가 추천하여 이사회에서 선출하는 사람 2명
     ⊙ 기획재정부장관이 위촉하는 사람 1명
     ⓒ 해양수산부장관이 위촉하는 사람 1명
     ⓔ 금융위원회 위원장이 위촉하는 사람 1명

10 위원회의 위원이 될 수 없는 사람은?

① 국가기관에서 상근직으로 5년 이상 종사한 경력이 있는 사람

② 변호사 또는 공인회계사로서 5년 이상 종사한 경력이 있는 사람

③ 조합의 수산 관련 부문에서 상근직으로 10년 이상 종사한 경력이 있는 사람

④ 은행의 감사 또는 회계 부문에서 상근직으로 10년 이상 종사한 경력이 있는 사람

TIP 조합감사위원회 위원의 자격요건〈수산업협동조합법 시행령 제30조 제1항〉
     ⊙ 조합 또는 중앙회의 감사·회계 또는 수산 관련 부문에서 상근직으로 10년 이상 종사한 경력이 있는 사람. 다만, 조합에서 최근 2년 이내에 임직원으로 근무한 사람은 제외한다.
     ⊙ 은행의 감사 또는 회계 부문에서 상근직으로 10년 이상 종사한 경력이 있는 사람
     ⓒ 수산업 또는 금융업 관련 국가기관·연구기관·교육기관 또는 상사회사에서 상근직으로 10년 이상 종사한 경력이 있는 사람
     ⓔ 판사·검사·군법무관의 직에 5년 이상 종사하거나 변호사 또는 공인회계사로서 5년 이상 종사한 경력이 있는 사람

11 위원회의 의결사항으로 옳지 않은 것은?

① 감사관계규정의 제정·개정 및 폐지
② 감사결과에 따른 회원의 임직원에 대한 변상책임의 판정
③ 회원에 대한 회계감사의 범위
④ 회원에 대한 시정 및 개선요구 등

TIP 위원회의 의결사항〈수산업협동조합법 제145조〉
　　㉠ 회원에 대한 감사방향 및 감사계획
　　㉡ 감사결과에 따른 회원의 임직원에 대한 징계 및 문책의 요구 등
　　㉢ 감사결과에 따른 회원의 임직원에 대한 변상책임의 판정
　　㉣ 회원에 대한 시정 및 개선요구 등
　　㉤ 감사관계규정의 제정·개정 및 폐지
　　㉥ 회장이 요청하는 사항
　　㉦ 그 밖에 위원장이 필요하다고 인정하는 사항

12 위원회가 회원을 감사해야 하는 주기로 옳은 것은?

① 1년마다 1회 이상　　　　　　② 2년마다 1회 이상
③ 3년마다 1회 이상　　　　　　④ 수시로 감사

TIP 위원회는 회원의 재산 및 업무집행상황에 대하여 2년마다 1회 이상 회원을 감사하여야 한다〈수산업협동조합법 제146조 제1항〉.

13 감사결과에 따라 회장이 회원의 임직원에게 요구할 수 있는 조치로 옳지 않은 것은?

① 임원에 대해 직무의 정지　　　② 직원에 대해 정직
③ 임원에 대해 징계해임　　　　　④ 직원에 대해 감봉

TIP 감사결과에 따라 회장이 관련 회원의 임직원에게 요구할 수 있는 조치사항〈수산업협동조합법 제146조 제3항〉
　　㉠ 임원에 대하여는 개선, 직무의 정지, 견책 또는 변상
　　㉡ 직원에 대하여는 징계면직, 정직, 감봉, 견책 또는 변상

14 회장이 감사결과에 따라 관련 회원에게 취해야 할 조치로 옳지 않은 것은?

① 해당 회원에게 시정 또는 업무의 정지

② 해당 회원의 조합장과 감사에게 통보

③ 관련 임직원에 대한 징계조치의 요구

④ 해당 회원에 대한 대출제한 조치

TIP 회장이 감사결과에 따라 관련 회원에게 취할 수 있는 조치사항〈수산업협동조합법 제146조 제3항〉
　㉠ 해당 회원의 조합장과 감사에게 통보
　㉡ 해당 회원에게 시정 또는 업무의 정지
　㉢ 관련 임직원에 대한 징계조치의 요구

15 회원이 소속 임직원에 대한 징계조치의 요구를 받았을 때, 해당 조치를 취해야 하는 기한은?

① 1개월 이내　　　　　　　　　② 2개월 이내

③ 3개월 이내　　　　　　　　　④ 6개월 이내

TIP 회원은 소속 임직원에 대한 조치요구를 받으면 2개월 이내에 필요한 조치를 하고 그 결과를 회장에게 알려야 한다〈수산업협동조합법 제146조 제4항〉.

※ 회장은 회원이 조치해야 할 기간에 필요한 조치를 하지 아니하면 1개월 이내에 조치를 할 것을 다시 요구하고, 그 기간에도 이행하지 아니하면 필요한 조치를 하여 줄 것을 해양수산부장관에게 요청할 수 있다〈수산업협동조합법 제146조 제5항〉.

Answer　11.③　12.②　13.③　14.④　15.②

1 다음 중 우선출자에 대한 설명으로 옳지 않은 것은?

① 우선출자증권은 우선출자의 납입기일 후 즉시 발행해야 한다.
② 우선출자자는 잉여금 배당에 우선적 지위와 의결권과 선거권을 가진다.
③ 국가와 공공단체의 우선출자금에 대하여는 총 출자계좌 수의 제한을 받지 않는다.
④ 우선출자의 배당률은 정기총회에서 결정한다.

TIP ② 잉여금 배당에 우선적 지위를 가지는 우선출자를 한 자는 의결권과 선거권을 가지지 아니한다〈수산업협동조합법 제147조 제4항〉.
① 수산업협동조합법 제148조
③ 수산업협동조합법 제147조 제3항
④ 수산업협동조합법 제147조 제5항

※ 우선출자에 대해서는 정관으로 우선출자의 내용과 계좌 수를 정하여야 한다〈수산업협동조합법 제147조 제2항〉.

2 다음 중 중앙회가 우선출자를 하게 할 수 없는 대상은?

① 외부 투자자   ② 공공기관
③ 회원   ④ 임직원

TIP 중앙회는 자기자본의 확충을 통한 경영의 건전성을 도모하기 위하여 정관으로 정하는 바에 따라 회원 또는 임직원 등을 대상으로 잉여금 배당에 관하여 내용이 다른 종류의 우선적 지위를 가지는 우선출자를 하게 할 수 있다〈수산업협동조합법 제147조 제1항〉.

※ 국가와 공공단체의 우선출자금에 대하여는 총 출자계좌 수의 제한을 받지 아니한다〈수산업협동조합법 제147조 제3항〉.

3 다음 중 우선출자의 총액이 자기자본비율을 초과할 수 없는 법위는?

① 20%   ② 30%
③ 40%   ④ 50%

TIP 우선출자 1계좌의 금액은 출자 1계좌의 금액과 같아야 하며, 우선출자의 총액은 자기자본의 2분의 1을 초과할 수 없다〈수산업협동조합법 제147조 제3항〉.

4 우선출자자의 책임범위는?

① 우선출자자는 무한책임을 진다.
② 우선출자자는 출자금과 관계없이 자산에 한해 책임을 진다.
③ 그가 가진 우선출자의 인수가액을 한도로 한다.
④ 우선출자자는 회사의 채무에 대해 아무런 책임을 지지 않는다.

TIP 우선출자자의 책임은 그가 가진 우선출자의 인수가액을 한도로 한다〈수산업협동조합법 제149조〉.

5 우선출자의 양도에 대한 설명으로 옳지 않은 것은?

① 우선출자증권을 질권의 목적으로 사용할 수 있다.
② 우선출자는 언제든지 양도할 수 있다.
③ 우선출자자는 양도 시 우선출자증권을 내주어야 한다.
④ 우선출자증권의 점유자는 적법한 소지인으로 추정한다.

TIP 우선출자의 양도〈수산업협동조합법 제150조〉
　　㉠ 우선출자는 이를 양도할 수 있다. 다만, 우선출자증권 발행 전의 양도는 중앙회에 대하여 효력이 없다.
　　㉡ 우선출자자는 우선출자를 양도할 때에는 우선출자증권을 내주어야 한다.
　　㉢ 우선출자증권의 점유자는 그 증권의 적법한 소지인으로 추정한다.
　　㉣ 우선출자증권을 질권의 목적으로 하는 경우에는 질권자의 성명 및 주소를 우선출자자 명부에 등록하지 아니하면 중앙회나 그 밖의 제3자에게 대항하지 못한다.

Answer　1.② 2.① 3.④ 4.③ 5.②

6 우선출자의 명의변경에 대한 설명으로 옳지 않은 것은?

① 명의변경 시 우선출자자 명부에 성명과 주소를 등록해야 한다.

② 명의변경이 있어도 증권에 성명을 기재하지 않으면 중앙회나 제3자에게 대항할 수 없다.

③ 명의변경 없이도 우선출자증권은 제3자에게 자동으로 대항력이 발생한다.

④ 우선출자증권 취득자는 명의변경을 해야 한다.

TIP 우선출자증권의 명의변경은 그 증권 취득자의 성명과 주소를 우선출자자 명부에 등록하고 그 성명을 증권에 기재하지 아니하면 중앙회나 그 밖의 제3자에게 대항하지 못한다〈수산업협동조합법 제150조 제4항〉.

7 우선출자총회에 대한 설명으로 옳지 않은 것은?

① 중앙회에 우선출자자로 구성된 우선출자자총회를 둔다.

② 중앙회는 정관변경이 우선출자자에게 손해를 입히는 경우 우선출자자총회의 의결을 거쳐야 한다.

③ 우선출자자총회의 의결은 출자계좌 수의 과반수 출석과 출석한 출자계좌 수의 3분의 2 이상의 찬성으로 한다.

④ 우선출자자총회의 운영에 관한 사항은 법률로 정해진다.

TIP 우선출자자총회〈수산업협동조합법 제151조〉
   ㉠ 중앙회에 우선출자자로 구성하는 우선출자자총회를 둔다.
   ㉡ 중앙회는 정관의 변경으로 우선출자자에게 손해를 입히게 될 사항에 관하여는 제1항에 따른 우선출자자총회의 의결을 거쳐야 한다. 이 경우 우선출자자총회는 발행한 우선출자자 총 출자계좌 수의 과반수의 출석과 출석한 우선출자자 출자계좌 수의 3분의 2 이상의 찬성으로 의결한다.
   ㉢ 우선출자자총회의 운영 등에 필요한 사항은 정관으로 정한다.
   ※ 우선출자의 발행·모집 등에 필요한 사항은 대통령령으로 정한다〈수산업협동조합법 제152조〉.

8 지도경제사업대표이사는 우선출자발행 시 발행사항을 납입일 2주 전까지 공고해야 한다. 이 때 공고해야 할 내용으로 옳지 않은 것은?

① 우선출자증권의 내용   ② 납입일 및 모집방법

③ 발행가액 및 좌수   ④ 모집기간 및 우선출자범위

TIP 우선출자증권 발행사항의 공고 … 지도경제사업대표이사는 우선출자를 하게 할 때에는 우선출자의 납입일 2주 전까지 발행하려는 우선출자증권의 내용, 좌수, 발행가액, 납입일 및 모집방법을 공고하고 출자자와 우선출자자에게 알려야 한다. 이 경우 국가가 우선출자자일 때에는 해양수산부장관에게 알려야 한다〈수산업협동조합법 시행령 제31조〉.

9 우선출자의 청약을 하려는 자가 우선출자청약서에 적어야 할 사항이 아닌 것은?

① 우선출자금액의 출처   ② 인수가액과 주소

③ 인수자의 기명날인   ④ 인수하려는 우선출자의 좌수

> **TIP** 우선출자의 청약을 하려는 자는 우선출자청약서에 인수하려는 우선출자의 좌수 및 인수가액과 주소를 적고
> 기명날인하여야 한다〈수산업협동조합법 시행령 제32조 제1항〉.

10 다음 중 우선출자청약서에 포함되어야 할 사항으로 옳지 않은 것은?

① 출자 1좌의 금액 및 총좌수

② 우선출자 대상자의 예상 규모

③ 발행하려는 우선출자의 액면금액 · 내용 및 좌수

④ 우선출자 총좌수의 최고한도

> **TIP** 우선출자청약서에 포함되어야 할 사항〈수산업협동조합법 시행령 제32조 제2항〉
> ㉠ 중앙회의 명칭
> ㉡ 출자 1좌의 금액 및 총좌수
> ㉢ 우선출자 총좌수의 최고한도
> ㉣ 이미 발행한 우선출자의 종류 및 종류별 좌수
> ㉤ 우선출자를 발행하는 날이 속하는 연도의 전년도 말 현재의 자기자본
> ㉥ 발행하려는 우선출자의 액면금액 · 내용 및 좌수
> ㉦ 발행하려는 우선출자의 발행가액 및 납입일
> ㉧ 우선출자의 매입소각을 하는 경우에는 그에 관한 사항
> ㉨ 우선출자 인수금액의 납입을 취급하는 금융기관
>
> ※ 우선출자청약서의 서식은 지도경제사업대표이사가 정한다〈수산업협동조합법 시행령 제32조 제2항〉.

11 우선출자 금액의 납입에 대한 설명으로 옳지 않은 것은?

① 우선출자의 청약자는 배정된 우선출자의 좌수에 대해 인수한다.

② 우선출자를 인수하려는 자는 납입일까지 발행가액 전액을 납입해야 한다.

③ 우선출자를 청약한 자는 중앙회장이 배정한 우선출자를 인수하게 된다.

④ 우선출자를 인수한 자는 우선출자 발행가액의 납입일의 다음 날부터 우선출자자가 된다.

TIP 우선출자 금액의 납입⟨수산업협동조합법 시행령 제33조⟩
　　㉠ 우선출자의 청약을 한 자는 지도경제사업대표이사가 배정한 우선출자의 좌수에 대하여 우선출자를 인수할 수 있다.
　　㉡ 우선출자를 인수하려는 자는 납입일까지 우선출자 발행가액 전액을 납입하여야 한다.
　　㉢ 우선출자를 인수한 자는 우선출자 발행가액의 납입일의 다음 날부터 우선출자자가 된다.
　　※ 우선출자의 매입소각… 중앙회는 이사회의 의결을 거쳐 우선출자를 매입하여 소각할 수 있다⟨수산업협동조합법 시행령 제37조⟩.

12 다음 중 조합의 우선출자에 대한 설명으로 옳지 않은 것은?

① 우선출자 청약서의 서식은 조합장이 정한다.

② 우선출자의 청약을 한 자는 조합장이 배정한 좌수에 따라 우선출자를 인수할 수 있다.

③ 국가가 우선출자자인 경우에는 해양수산부장관에게 알려야 한다.

④ 우선출자를 인수한 자는 납입일로부터 3일 후부터 우선출자자가 된다.

TIP ④ 우선출자를 인수한 자는 우선출자 발행가액의 납입일의 다음 날부터 우선출자자가 된다⟨시행령 제33조 제3항 준용⟩.
　　① 선출자청약서의 서식은 조합장이 정하며, 조합의 명칭, 출자 1좌의 금액 및 총좌수 사항 등을 포함해야 한다⟨시행령 제32조 제2항 준용⟩.
　　② 우선출자의 청약을 한 자는 조합장이 배정한 우선출자의 좌수에 대하여 우선출자를 인수할 수 있다⟨시행령 제33조 제1항 준용⟩.
　　③ 조합장은 국가가 우선출자자일 때에는 해양수산부장관에게 알려야 한다⟨시행령 제31조 제1항 준용⟩.
　　※ 수산업협동조합법 시행령 제38조의2 제1항 → 제 31조 ~ 33조 준용

13 다음 중 조합공동사업법인의 우선출자에 대한 설명으로 옳지 않은 것은?

① 대표이사는 우선출자의 납입일 2주 전까지 발행하려는 우선출자증권의 내용을 공고해야 한다.

② 우선출자를 청약하려는 자는 우선출자청약서에 인수하려는 좌수 및 인수가액을 적고 기명날인하여야 한다.

③ 우선출자를 인수한 자는 납입일의 다음 달부터 우선출자자가 된다.

④ 우선출자를 인수하려는 자는 납입일까지 발행가액 전액을 납입해야 한다.

TIP ③ 우선출자를 인수한 자는 우선출자 발행가액의 납입일의 다음 날부터 우선출자자가 된다〈시행령 제33조 제3항〉.

　① 대표이사는 우선출자를 하게 할 때에는 우선출자의 납입일 2주 전까지 발행하려는 우선출자증권의 내용, 좌수, 발행가액, 납입일 및 모집방법을 공고하고 출자자와 우선출자자에게 알려야 한다. 이 경우 국가가 우선출자자일 때에는 해양수산부장관에게 알려야 한다〈시행령 제31조 제2항〉.

　② 우선출자의 청약을 하려는 자는 우선출자청약서에 인수하려는 우선출자의 좌수 및 인수가액과 주소를 적고 기명날인하여야 한다〈시행령 제32조 제1항〉.

　④ 우선출자를 인수하려는 자는 납입일까지 우선출자 발행가액 전액을 납입하여야 한다〈시행령 제33조 제2항〉.

　※ 수산업협동조합법 시행령 제38조의2 제2항 → 제31조 ~ 33조 준용

1 국가나 공공단체가 수협은행에 출자 또는 유가증권을 매입할 수 있는 경우로 옳지 않은 것은?

① 수협은행이 예금인출로 인해 재무구조가 악화되어 영업지속이 어려운 경우
② 신용질서안정을 위해 수협은행의 재무구조개선이 필요한 경우
③ 수협은행의 회원이나 어업인의 대출규모가 증가하여 출자가 필요한 경우
④ 국가가 예금자보호를 위해 필요하다고 판단하는 경우

TIP 국가나 공공단체는 수협은행이 다음의 어느 하나에 해당하는 경우에는 중앙회에 대한 출연 또는 출자와 수협은행에 대한 출자 또는 대통령령으로 정하는 유가증권의 매입을 할 수 있다〈수산업협동조합법 제153조 제1항〉.
　㉠ 수협은행이 계속된 예금인출 등으로 인한 재무구조의 악화로 영업을 지속하기가 어렵다고 인정되는 경우
　㉡ 예금자보호 및 신용질서의 안정을 위하여 수협은행의 재무구조개선이 필요하다고 인정되는 경우
　※ 예금보험공사가 중앙회에 출자하거나 유가증권을 매입한 경우에는 「예금자보호법」에 따라 자금지원을 한 것으로 본다〈수산업협동조합법 제153조 제2항〉.

2 국가나 공공단체의 출자지원에 있어서 대통령령으로 정하는 유가증권에 해당하지 않는 것은?

① 수협은행이 보유한 국채 및 지방채
② 수협은행이 발행한 채권
③ 국가가 원리금 지급을 보증한 채권
④ 수협은행이 발행한 주식

TIP 국가나 공공단체의 출자지원 있어서 대통령령으로 정하는 유가증권〈수산업협동조합법 시행령 제40조〉
　㉠ 수협은행이 보유하고 있는 채권 중 국채·지방채와 국가가 원리금의 지급을 보증한 채권
　㉡ 수협은행이 발행한 채권
　㉢ ㉠ 또는 ㉡의 유가증권에 준하는 것으로서 금융위원회가 인정하는 유가증권

1 수산업협동조합법상 중앙회 또는 수협은행이 필요한 자금을 조달하기 위해 발행하는 채권은?

① 신주인수권부사채　　　　　　② 금융채권
③ 회사채　　　　　　　　　　　④ 전환사채

TIP 수산금융채권 … 중앙회 또는 수협은행이 필요한 자금을 조달하기 위해 발행하는 채권을 말한다〈수산업협동조합법 제156조 제1항〉.

2 다음 중 수산금융채권의 발행방법으로 옳지 않은 것은?

① 수산금융채권을 할인방식으로 발행할 수 없다.
② 중앙회가 경제사업을 수행하기 위한 경우에는 자기자본의 5배 이상으로 수산금융채권을 발행할 수 있다.
③ 수산금융채권의 금액, 조건, 발행 및 상환방법은 발행 시마다 정해야 한다.
④ 자기자본의 5배를 초과하여 수산금융채권을 발행할 수 없다.

TIP ① 중앙회 또는 수협은행은 수산금융채권을 할인하는 방법으로 발행할 수 있다〈수산업협동조합법 제156조 제4항〉.
②④ 중앙회 및 수협은행은 자기자본의 5배를 초과하여 수산금융채권을 발행할 수 없다. 다만, 중앙회가 교육·지원 사업, 경제사업을 수행하기 위하여 필요한 경우에는 그러하지 아니하다〈수산업협동조합법 제156조 제2항〉.
③ 중앙회 또는 수협은행은 수산금융채권을 발행할 때마다 그 금액, 조건, 발행 및 상환의 방법을 정하여야 한다〈수산업협동조합법 제156조 제5항〉.

Answer 1.③ 2.④ / 1.② 2.①

3 다음 중 수산금융채권을 발행할 때 한도를 초과할 수 있는 경우는?

① 중앙회 또는 수협은행이 사업을 확장할 때
② 중앙회 또는 수협은행이 차환을 위해 발행할 때
③ 중앙회가 자본의 3배에 해당하는 수산금융채권을 발행할 때
④ 수협은행이 특별한 이유 없이 자본을 늘리기 위해 발행할 때

TIP 중앙회 또는 수협은행은 수산금융채권의 차환을 위하여 그 발행 한도를 초과하여 수산금융채권을 발행할 수 있다〈수산업협동조합법 제156조 제3항〉.

4 중앙회 또는 수협은행이 한도를 초과해 발행한 수산금융채권의 상환방식으로 옳은 것은?

① 수산금융채권의 상환은 발행일로부터 3년 후에만 가능하다.
② 차환 목적으로 발행된 수산금융채권은 발행 후 6개월 이내에 상환해야 한다.
③ 차환을 위해 발행한 수산금융채권은 발행 후 1개월 이내에 기존 채권을 상환해야 한다.
④ 수산금융채권은 상환 기간에 관계없이 무기한 연장할 수 있다.

TIP 중앙회 또는 수협은행은 수산금융채권의 차환을 위하여 그 발행 한도를 초과하여 수산금융채권을 발행할 수 있다. 이 경우 발행 후 1개월 이내에 상환 시기가 도래하거나 이에 상당하는 이유가 있는 수산금융채권에 대하여 그 발행 액면금액에 해당하는 수산금융채권을 상환하여야 한다〈수산업협동조합법 제156조 제3항〉.

5 다음은 기명식 수산금융채권의 명의변경요건에 대한 법조항이다. 다음 (   ) 안에 알맞은 것은?

> 기명식 수산금융채권의 명의변경은 그 채권취득자의 (   )과 주소를 그 채권원부에 적고 그 (   )을 증권에 적지 아니하면 중앙회, 수협은행 또는 그 밖의 제3자에게 대항하지 못한다.

① 인적사항   ② 주민등록번호와 성별
③ 성명   ④ 성명과 직장명

TIP 채권의 명의변경요건 … 기명식 수산금융채권의 명의변경은 그 채권 취득자의 성명과 주소를 그 채권 원부에 적고 그 성명을 증권에 적지 아니하면 중앙회, 수협은행 또는 그 밖의 제3자에게 대항하지 못한다〈수산업협동조합법 제157조〉.

6 다음은 수산금융채권에 대한 설명이다. 옳지 않은 것은?

① 중앙회 또는 수협은행이 발행하는 채권은 기명식으로 한다.

② 기명식 수산금융채권을 질권 설정할 때에는 질권자의 성명과 주소를 채권원부에 등록하지 않으면 제3자에게 대항하지 못한다.

③ 수산금융채권은 그 원리금 상환을 국가가 전액 보증할 수 있다.

④ 수산금융채권의 발행·모집 등에 필요한 사항은 대통령령으로 정한다.

TIP ① 중앙회 또는 수협은행이 발행하는 채권은 무기명식으로 한다. 다만, 청약인 또는 소유자의 요구에 따라 무기명식을 기명식으로, 기명식을 무기명식으로 할 수 있다〈수산업협동조합법 시행령 제43조〉.
② 기명식 수산금융채권을 질권의 목적으로 할 때에는 질권자의 성명과 주소를 그 채권 원부에 등록하지 아니하면 중앙회, 수협은행 또는 그 밖의 제3자에게 대항하지 못한다〈수산업협동조합법 제158조〉.
③ 수산업협동조합법 제159조
④ 수산업협동조합법 제161조

7 다음 중 수산금융채권의 원금에 대한 소멸시효는?

① 1년   ② 2년
③ 3년   ④ 5년

TIP 수산금융채권의 소멸시효 … 수산금융채권의 소멸시효는 원금은 5년, 이자는 2년으로 한다〈수산업협동조합법 제160조〉.

8 수산업협동조합법령상 수산금융채권의 발행방법으로 옳지 않은 것은?

① 상장의 방법   ② 매출의 방법
③ 모집의 방법   ④ 사모의 방법

TIP 회장, 사업전담대표이사 또는 수협은행장이 수산금융채권을 발행할 때에는 모집, 매출 또는 사모의 방법에 따른다〈수산업협동조합법 시행령 제42조〉.

Answer 3.② 4.③ 5.③ 6.① 7.④ 8.①

9 채권의 모집에 응하려는 자가 채권청약서 작성 시 옳지 않은 것은?

① 채권발행의 최저가액을 정한 경우에는 청약인은 채권청약서에 청약가액을 적어야 한다.
② 채권청약서 1부를 작성해야 한다.
③ 채권청약서에는 청약하려는 채권의 매수·금액과 주소를 적어야 한다.
④ 채권청약서에 기명날인하여야 한다.

TIP ②③④ 채권모집에 응하려는 자는 채권청약서 2부에 청약하려는 채권의 매수·금액과 주소를 적고 기명날인
하여야 한다〈수산업협동조합법 시행령 제44조 제1항〉.
① 수산업협동조합법 시행령 제44조 제3항

10 채권청약서를 작성할 수 있는 자로 옳지 않은 사람은?

① 회장   ② 사업전담대표이사
③ 수협은행장   ④ 지구별수협 조합장

TIP 채권청약서는 회장, 사업전담대표이사 또는 수협은행장이 작성한다〈수산업협동조합법 시행령 제44조 제2항〉.

11 채권청약서에 포함되어야 할 사항이 아닌 것은?

① 채권의 발행총액   ② 채권의 권종별 액면금액
③ 지급이자의 연체율   ④ 원금상환의 방법과 시기

TIP 채권청약서에 포함되어야 할 사항〈수산업협동조합법 시행령 제44조 제2항〉
ㄱ 중앙회 또는 수협은행의 명칭
ㄴ 채권의 발행총액
ㄷ 채권의 권종별 액면금액
ㄹ 채권의 이율
ㅁ 원금상환의 방법과 시기
ㅂ 채권의 발행가액 또는 그 최저가액
ㅅ 채권의 차환을 위하여 발행하는 경우 이에 관한 사항
ㅇ 이미 발행한 채권의 미상환분이 있는 경우 그 총액
ㅈ 이자지급시기와 방법
ㅊ 신용사업특별회계를 제외한 중앙회 또는 수협은행의 자기자본

12 모집발행채권을 발행하고자 할 때 기재사항으로 옳지 않은 것은?

① 채권번호   ② 채권의 발행가액

③ 채권의 이율   ④ 이자지급시기와 방법

TIP 모집발행채권의 발행 시 기재사항〈수산업협동조합법 시행령 제47조〉
    ㉠ 중앙회 또는 수협은행의 명칭
    ㉡ 채권의 발행총액
    ㉢ 채권의 권종별 액면금액
    ㉣ 채권의 이율
    ㉤ 원금상환의 방법과 시기
    ㉥ 이자지급시기와 방법
    ㉦ 채권번호

13 다음 중 채권에 대한 설명으로 옳지 않은 것은?

① 계약에 따라 채권총액을 인수하는 경우에도 채권모집을 해야 한다.
② 채권발행총액은 청약총액으로 한다.
③ 채권모집을 마친 경우에는 각 채권 발행가액 전액을 납입시켜야 한다.
④ 채권모집을 위탁받은 자는 자기명의로 채권납입을 할 수 있다.

TIP ① 계약에 따라 채권의 총액을 인수하는 경우에는 채권모집을 하지 않는다. 채권모집을 위탁받은 자가 스스로 채권의 일부를 인수할 때에도 또한 같다〈수산업협동조합법 시행령 제45조〉.
    ② 회장, 사업전담대표이사 또는 수협은행장은 채권을 발행하는 경우로서 실제로 청약된 총액이 채권청약서에 적힌 채권발행총액에 미치지 못한 경우에도 채권을 발행한다는 표시를 할 수 있다. 이 경우 채권발행총액은 청약총액으로 한다〈수산업협동조합법 시행령 제46조〉.
    ③ 채권모집을 마쳤을 때에는 회장, 사업전담대표이사 또는 수협은행장은 지체 없이 각 채권 발행가액 전액을 납입시켜야 한다〈수산업협동조합법 시행령 제48조 제1항〉.
    ④ 수산업협동조합법 시행령 제49조
    ※ 채권을 발행하는 경우를 제외하고는 전액을 납입한 후가 아니면 그 증권을 발행할 수 없다〈수산업협동조합법 시행령 제48조 제2항〉.

14 다음 중 채권의 매출발행에 대한 설명으로 옳지 않은 것은?

① 채권의 매출기간 중에 매출한 채권총액이 공고한 채권총액보다 낮은 경우에는 채권총액을 늘려야 한다.

② 채권을 매출방법으로 발행할 때에는 매출기간, 채권발행총액 등의 사항을 공고해야 한다.

③ 매출기간 등의 사항을 공고한 경우에는 채권청약서가 필요하지 않다.

④ 채권의 매출발행을 하는 채권에는 채권번호를 적어야 한다.

TIP ① 채권의 매출기간 중에 매출한 채권총액이 공고한 채권의 총액에 달하지 아니할 때에는 그 매출총액을 채권의 총액으로 한다〈수산업협동조합법 시행령 제51조〉.
② 수산업협동조합법 시행령 제50조 제1항
③ 수산업협동조합법 시행령 제50조 제2항
④ 수산업협동조합법 시행령 제50조 제3항

15 채권의 매출발행에 있어서 공고해야 할 사항으로 옳지 않은 것은?

① 매출기간

② 채권의 발행가액 또는 그 최저가액

③ 채권의 권종별 액면금액

④ 이미 발행한 채권의 미상환분이 있는 경우 그 총액

TIP 채권을 매출의 방법으로 발행할 때 공고해야 할 사항〈수산업협동조합법 시행령 제50조 제1항〉
ㄱ 매출기간
ㄴ 중앙회 또는 수협은행의 명칭
ㄷ 채권의 발행총액
ㄹ 채권의 권종별 액면금액
ㅁ 채권의 이율
ㅂ 원금상환의 방법과 시기
ㅅ 채권의 발행가액 또는 그 최저가액
ㅇ 이자 지급 시기와 방법

16 채권을 매출의 방법으로 발행하는 채권에 기재해야 할 사항으로 옳지 않은 것은?

① 채권의 이율
② 이자지급시기와 방법
③ 채권의 발행가액
④ 원금상환방법과 시기

TIP 채권을 매출의 방법으로 발행하는 채권에 기재해야 할 사항〈수산업협동조합법 시행령 제50조 제3항〉
  ㉠ 중앙회 또는 수협은행의 명칭
  ㉡ 채권의 권종별 액면금액
  ㉢ 채권의 이율
  ㉣ 원금상환의 방법과 시기
  ㉤ 이자지급시기와 방법
  ㉥ 채권번호

17 다음 중 채권원부에 적어야 할 사항으로 옳지 않은 것은?

① 각 채권에 대한 납입금액 및 납입 연월일
② 채권번호
③ 채권의 발행일
④ 채권의 권종별 수와 번호

TIP 채권원부에 적어야 할 사항〈수산업협동조합법 시행령 제54조 제1항〉
  ㉠ 채권의 권종별 수와 번호
  ㉡ 채권의 발행일
  ㉢ 채권의 발행총액
  ㉣ 채권의 권종별 액면금액
  ㉤ 채권의 이율
  ㉥ 원금상환의 방법과 시기
  ㉦ 이자지급시기와 방법
  ㉧ 각 채권에 대한 납입금액 및 납입 연월일
  ㉨ 채권이 기명식인 경우에는 채권소유자의 주소·성명 및 취득 연월일

  ※ 회장, 사업전담대표이사 또는 수협은행장은 회원과 채권자가 요구하면 업무시간에는 언제든지 채권원부를 열람시켜야 한다〈수산업협동조합법 시행령 제54조 제1항〉.

Answer 14.① 15.④ 16.③ 17.②

18 다음 중 무기명식 채권의 소지자에 대한 통지와 최고의 방법은?

① 채권청약서에 적힌 청약인의 주소로 한다.　② 수협은행장에게 통지한 주소로 한다.

③ 공고의 방법으로 한다.　④ 채권원부에 적힌 주소로 한다.

TIP 통지와 최고〈수산업협동조합법 시행령 제56조〉

　　㉠ 채권청약인에 대한 통지와 최고는 채권청약서에 적힌 청약인의 주소로 하며, 그 청약인이 따로 주소를 회장, 사업전담대표이사 또는 수협은행장에게 통지한 경우에는 그 주소로 통지와 최고를 하여야 한다.

　　㉡ 기명식 채권의 채권자에 대한 통지와 최고는 소유자가 따로 그 주소를 회장, 사업전담대표이사 또는 수협은행장에게 통지한 경우를 제외하고는 채권원부에 적힌 주소로 한다.

　　㉢ 무기명식 채권의 소지자에 대한 통지와 최고는 공고의 방법으로 한다.

　　※ 기명식채권에 질권을 설정한 경우에는 상법을 준용한다〈수산업협동조합법 시행령 제58조〉.

19 수산업협동조합법상 채권의 매입소각 및 이권의 흠결에 대한 설명으로 옳지 않은 것은?

① 채권을 매입하여 소각할 경우에는 이사회의 의결을 거쳐야 한다.

② 채권의 매입소각의 결정은 감사위원회의 위원장이 할 수 있다.

③ 이권 있는 무기명식 채권을 상환하는 경우에 이권이 흠결된 것에 대해서는 그 이권에 상당하는 금액을 상환액에서 공제한다.

④ 그 이권에 상당하는 금액이 상환액에서 공제된 이권의 소지인은 언제든지 그 이권과의 상환으로 공제된 금액의 지급을 청구할 수 있다

TIP ①② 회장, 사업전담대표이사 또는 수협은행장은 이사회의 의결을 거쳐 채권을 매입하여 소각할 수 있다〈수산업협동조합법 시행령 제55조〉.

　　※ 이권의 흠결〈수산업협동조합법 시행령 제59조〉

　　㉠ 이권 있는 무기명식 채권을 상환하는 경우에 이권이 흠결된 것에 대해서는 그 이권에 상당하는 금액을 상환액에서 공제한다.

　　㉡ 그 이권에 상당하는 금액이 상환액에서 공제된 이권의 소지인은 언제든지 그 이권과의 상환으로 공제된 금액의 지급을 청구할 수 있다.

1 중앙회의 사업계획과 수지예산에 대한 설명으로 옳지 않은 것은?

① 중앙회는 매 회계연도의 사업계획서를 작성하여 총회의 의결을 거쳐야 한다.

② 중앙회는 회계연도 시작 전 2개월 이내에 수지예산서를 작성해야 한다.

③ 중앙회가 사업계획서를 변경하려면 총회의 의결을 거쳐야 한다.

④ 중앙회의 수지예산서는 해당 회계연도가 시작되기 전에 총회의 의결을 거쳐야 한다.

TIP 사업계획과 수지예산〈수산업협동조합법 제162조〉
  ㉠ 중앙회는 매 회계연도의 사업계획서와 수지예산서를 작성하여 해당 회계연도가 시작되기 1개월 전에 총회의 의결을 거쳐야 한다.
  ㉡ 중앙회가 사업계획과 수지예산을 변경하려면 총회의 의결을 거쳐야 한다.

2 명칭사용료의 부가목적으로 옳지 않은 것은?

① 회원의 교육사업 수행에 필요한 재원확보

② 조합원 지원사업의 안정적 재원조달

③ 수산물 판매 · 유통 활성화

④ 섬마을 의료지원사업 지원

TIP 중앙회는 수산물 판매 · 유통 활성화와 회원과 조합원에 대한 교육 · 지원 사업 등의 수행에 필요한 재원을 안정적으로 조달하기 위하여 명칭사용료로 부과할 수 있다〈수산업협동조합법 제162조의2 제1항〉.

Answer 18.③ 19.② / 1.② 2.④

3 명칭사용료에 대한 설명으로 옳지 않은 것은?

① 중앙회에서 명칭사용료를 부과한다.

② 명칭사용료는 영리법인에 한해서만 부과한다.

③ 명칭사용료는 영업수익 또는 매출액의 1천분의 35을 초과할 수 있다.

④ 조합만이 출자한 법인에 대해서는 명칭사용료를 부과하지 않는다.

> **TIP** 중앙회는 수산업협동조합의 명칭(영문 명칭 및 한글·영문 약칭 등 정관으로 정하는 문자 또는 표식을 포함한다)을 사용하는 법인(영리법인에 한정한다)에 대하여 영업수익 또는 매출액의 1천분의 25 범위에서 정관으로 정하는 기준에 따라 총회에서 정하는 부과율을 곱하여 산정하는 금액을 명칭사용료로 부과할 수 있다. 다만, 조합만이 출자한 법인 및 정관으로 정하는 법인에 대해서는 명칭사용료를 부과하지 아니한다〈수산업협동조합법 제162조의2 제1항〉.
>
> ※ 명칭사용료는 다른 수입과 구분하여 관리하여야 하며, 그 수입과 지출은 총회의 승인을 받아야 한다〈수산업협동조합법 제162조의2 제2항〉.

4 중앙회의 결산보고서를 해양수산부장관에게 제출해야 하는 기한은?

① 매 회계연도가 지난 후 1개월 이내

② 매 회계연도가 지난 후 2개월 이내

③ 매 회계연도가 지난 후 3개월 이내

④ 매 회계연도가 지난 후 4개월 이내

> **TIP** 중앙회는 매 회계연도가 지난 후 3개월 이내에 그 결산보고서를 해양수산부장관에게 제출하여야 한다〈수산업협동조합법 제163조 제2항〉.
>
> ※ 중앙회의 결산보고서에는 「주식회사 등의 외부감사에 관한 법률」에 따른 회계법인의 회계감사를 받은 의견서를 첨부하여야 한다〈수산업협동조합법 제163조 제1항〉.

5 다음 중 중앙회의 자기자본을 구성하는 요소로 옳지 않은 것은?

① 납입출자금

② 가입금

③ 미처분 이익잉여금

④ 매출액

TIP 자기자본 … 중앙회의 자기자본은 다음의 금액을 합친 금액(이월결손금이 있으면 그 금액을 공제한다)으로 한다〈수산업협동조합법 제164조 제2항〉.

㉠ 우선출자금(누적되지 아니하는 것만 해당한다)

㉡ 납입출자금

㉢ 회전출자금

㉣ 가입금

㉤ 각종 적립금

㉥ 미처분 이익잉여금

㉦ 자본조정

㉧ 기타포괄손익누계액

6 다음 중 중앙회가 적립 및 이월할 수 있는 항목으로 옳지 않은 것은?

① 법정적립금

② 임의적립금

③ 임직원상여금

④ 지도사업이월금

TIP 중앙회는 법정적립금·임의적립금 및 지도사업이월금을 정관으로 정하는 바에 따라 각 사업 부문별로 적립하고 이월할 수 있다〈수산업협동조합법 제165조 제1항〉.

7 다음 중 잉여금에서 지도사업이월금으로 이월해야 하는 비율은?

① 5%

② 10%

③ 15%

④ 20%

TIP 중앙회는 정관으로 정하는 바에 따라 교육·지원 사업 등 지도사업에 드는 비용에 충당하기 위하여 잉여금의 100분의 20 이상을 지도사업이월금으로 다음 회계연도로 이월하여야 한다〈수산업협동조합법 제165조 제2항〉.

Answer   3.③ 4.③ 5.④ 6.③ 7.④

8 중앙회의 매 회계연도의 결산결과 손실금(당기손실금을 말함)이 발생했을 때 가장 먼저 손실을 보전해야 하는 것은?

① 미처분이월금　　　　　　　　② 자본적립금

③ 법정적립금　　　　　　　　　④ 임의적립금

TIP 손실금의 보전순서 … 미처분이월금 → 임의적립금 → 법정적립금 → 자본적립금 순으로 보전해야 한다〈수산업협동조합법 제71조 제1항 준용〉.

　　※ 중앙회는 손실을 보전하고 법정적립금·임의적립금 및 지도사업이월금을 적립한 후가 아니면 잉여금을 배당하지 못한다〈수산업협동조합법 제166조 제2항〉.

9 다음 중 신용사업특별회계에 대한 설명으로 옳지 않은 것은?

① 중앙회는 국가 등의 출자금을 관리하기 위해 신용사업특별회계를 설치한다.

② 신용사업특별회계는 국가와 어업인에 관한 중앙회의 사업자금을 관리하는 회계이다.

③ 예금보험공사가 중앙회에 지원한 자금은 신용사업특별회계에 지원된 것으로 본다.

④ 신용사업특별회계의 목적은 국가 등의 출자금을 관리하는데 있다.

TIP 신용사업특별회계〈수산업협동조합법 제167조〉
　　㉠ 중앙회에 국가 등의 출자금 등을 관리하기 위하여 신용사업특별회계를 설치한다.
　　㉡ 예금보험공사가 중앙회에 지원한 자금은 신용사업특별회계에 지원된 것으로 본다.

CHAPTER

08 감독

1 수산업협동조합법령상 해양수산부장관이 업무를 감독할 대상이 아닌 기관은?

① 중앙회
② 수협은행
③ 어촌계
④ 조합협의회

TIP 해양수산부장관은 이 법에서 정하는 바에 따라 조합등·중앙회·수협은행 및 조합협의회의 업무를 감독하며, 대통령령으로 정하는 바에 따라 감독을 위하여 필요한 명령과 조치를 할 수 있다. 이 경우 수협은행에 대하여는 금융위원회와 협의하여야 한다〈수산업협동조합법 제169조 제1항〉.

2 해양수산부장관이 조합·중앙회 또는 수협은행에 대한 검사를 요청할 수 있는 기관은?

① 기획재정부
② 금융위원회
③ 금융감독원
④ 국세청

TIP 해양수산부장관은 직무를 수행하기 위하여 필요하다고 인정할 때에는 금융위원회에 조합, 중앙회 또는 수협은행에 대한 검사를 요청할 수 있다〈수산업협동조합법 제169조 제2항〉.

3 해양수산부장관이 감독업무의 일부를 중앙회 회장에게 위탁할 수 있는 감독대상기관은?

① 중앙회
② 수협은행
③ 조합협의회
④ 조합등

TIP 해양수산부장관은 수산업협동조합법에 따른 조합등에 관한 감독업무의 일부를 대통령령으로 정하는 바에 따라 중앙회의 회장에게 위탁할 수 있다〈수산업협동조합법 제169조 제3항〉.

Answer 8.① 9.② / 1.③ 2.② 3.④

4 수산업협동조합법령상 감독에 대한 설명으로 옳지 않은 것은?

① 해양수산부장관은 조합·중앙회의 공제사업의 건전한 육성을 위하여 기획재정부장관과 협의하여 감독에 필요한 기준을 정하고 이를 고시하여야 한다.

② 해양수산부장관은 조합, 중앙회 또는 수협은행으로부터 재산 상황에 관한 보고를 받을 수 있다.

③ 지방자치단체가 보조한 사업과 관련된 업무에 대하여 지방자치단체의 장은 조합등을 감독할 수 있다.

④ 금융위원회는 조합의 신용사업에 대하여 경영 건전성 확보를 위한 감독을 할 수 있다.

TIP ① 해양수산부장관은 조합과 중앙회의 공제사업의 건전한 육성과 계약자의 보호를 위하여 금융위원회 위원장과 협의하여 감독에 필요한 기준을 정하고 이를 고시하여야 한다〈수산업협동조합법 제169조 제8항〉.
② 해양수산부장관 또는 금융위원회는 조합, 중앙회 또는 수협은행에 대하여 필요하다고 인정할 때에는 조합, 중앙회 또는 수협은행으로부터 그 업무 또는 재산 상황에 관한 보고를 받을 수 있다〈수산업협동조합법 제169조 제6항〉.
③ 지방자치단체가 보조한 사업과 관련된 업무에 대하여 조합등을 감독하여 필요한 조치를 할 수 있다〈수산업협동조합법 제169조 제4항〉.
④ 금융위원회는 대통령령으로 정하는 바에 따라 조합의 신용사업과 수협은행에 대하여 그 경영의 건전성 확보를 위한 감독을 하고, 그에 필요한 명령을 할 수 있다〈수산업협동조합법 제169조 제5항〉.

5 다음은 수산업협동조합법조항이다. (   ) 안에 알맞은 것은?

> 최근 (   ) 이내에 회계부정, 횡령, 배임 등 해양수산부령으로 정하는 중요한 사항이 발생한 조합과 부실조합 및 부실우려조합은 감사인의 감사를 매년 받아야 한다.   – 수산업협동조합법 제169조 제7항 –

① 1년   ② 2년
③ 3년   ④ 5년

TIP 조합 중 직전 회계연도 말 자산총액이 대통령령으로 정하는 기준액 이상인 조합은 감사를 받지 아니한 회계연도에는 감사인의 감사를 받아야 한다. 다만, 최근 5년 이내에 회계부정, 횡령, 배임 등 해양수산부령으로 정하는 중요한 사항이 발생한 조합과 부실조합 및 부실우려조합은 감사인의 감사를 매년 받아야 한다〈수산업협동조합법 제169조 제7항〉.

6 다음 밑줄 친 조합의 행위에 해당하지 않는 것은?

> 최근 5년 이내에 회계부정, <u>횡령, 배임 등 해양수산부령으로 정하는 중요한 사항이 발생한 조합</u>과 부실 조합 및 부실우려조합은 감사인의 감사를 매년 받아야 한다. — 수산업협동조합법 제169조 제7항 —

① 배임 또는 업무상의 횡령과 배임에 해당하는 행위
② 회원에게 무리한 대출집행으로 손해를 끼친 행위
③ 수재 등의 죄, 알선수재의 죄에 해당하는 행위
④ 사금융 알선 등의 죄에 해당하는 행위

TIP 외부회계감사〈수산업협동조합법 시행규칙 제10조의3〉
　　㉠ 횡령, 배임 또는 업무상의 횡령과 배임에 해당하는 행위
　　㉡ 수재 등의 죄, 알선수재의 죄에 해당하는 행위
　　㉢ 사금융 알선 등의 죄에 해당하는 행위
　　㉣ 조합자금의 편취·유용 또는 예산의 부당전용·초과사용 등의 회계부정

7 해양수산부장관이 감독을 위해 할 수 있는 조치로 옳지 않은 것은?

① 조합등에 대해 소속 공무원을 통해 업무 및 재산 상황을 감사할 수 있다.
② 감독을 위해 필요한 절차와 방법을 정하여 고시할 수 있다.
③ 지방자치단체가 보조한 사업에 대해 지방자치단체의 장에게 감독을 위임할 수 있다.
④ 조합 및 수협은행에 대한 자료제출을 요구할 수 있다.

TIP ③ 지방자치단체의 장은 감독에 필요하다고 인정할 때에는 조합등에 대하여 지방자치단체가 보조한 사업과 관련된 업무에 관한 자료의 제출을 요구할 수 있다. 이 경우 해당 조합등은 정당한 사유가 없으면 그 요구에 따라야 한다〈수산업협동조합법 시행령 제61조 제3항〉.
　① 해양수산부장관은 감독을 위하여 필요할 때에는 조합등, 중앙회, 수협은행 및 조합협의회에 대하여 소속 공무원으로 하여금 업무 및 재산 상황을 감사하게 할 수 있으며, 그 결과에 따라 필요한 조치를 할 수 있다〈수산업협동조합법 시행령 제61조 제1항〉.
　② 해양수산부장관은 감독을 효과적으로 수행하기 위하여 필요한 절차 및 방법 등 세부사항을 정하여 고시하여야 한다〈수산업협동조합법 시행령 제61조 제2항〉.
　④ 금융위원회는 감독에 필요하다고 인정할 때에는 조합(신용사업에 한정한다) 및 수협은행에 대하여 그 업무 또는 재산에 관한 자료의 제출을 요구할 수 있다. 이 경우 해당 조합 및 수협은행은 정당한 사유가 없으면 그 요구에 따라야 한다〈수산업협동조합법 시행령 제61조 제4항〉.

Answer　4.① 5.④ 6.② 7.③

8 금융위원회가 감독할 수 있는 범위로 옳은 것은?

① 조합의 신용사업과 수협은행의 업무 또는 재산상황에 관한 자료제출을 요구할 수 있다.

② 수협은행의 모든 업무와 재산에 대해 감독할 수 있다.

③ 조합의 모든 사업에 대해 감독할 수 있다.

④ 지방자치단체가 보조한 사업과 관련된 모든 조합업무에 대해 감독할 수 있다.

TIP 금융위원회는 감독에 필요하다고 인정할 때에는 조합(신용사업에 한정한다) 및 수협은행에 대하여 그 업무 또는 재산에 관한 자료의 제출을 요구할 수 있다. 이 경우 해당 조합 및 수협은행은 정당한 사유가 없으면 그 요구에 따라야 한다〈수산업협동조합법 시행령 제61조 제4항〉.

9 직전 회계연도 말에 감사를 받지 않아 감사인의 감사를 받아야 하는 조합의 기준은?

① 직전 회계연도 말의 자산총액이 3천억 원 이상인 조합

② 직전 회계연도 말의 자산총액이 2천억 원 이상인 조합

③ 직전 회계연도 말의 자산총액이 1천억 원 이상인 조합

④ 직전 회계연도 말의 자산총액이 300억 원 이상인 조합

TIP 조합 중 직전 회계연도 말 자산총액이 대통령령으로 정하는 기준액 이상인 조합은 감사를 받지 아니한 회계 연도에는 감사인의 감사를 받아야 한다〈수산업협동조합법 제169조 제7항〉.

※ **대통령령으로 정하는 기준액** … 대통령령으로 정하는 기준액이란 직전 회계연도 말의 자산총액 300억 원 (2015회계연도까지는 3천억 원)을 말한다〈수산업협동조합법 시행령 제61조 제5항〉.

10 해양수산부장관이 회장에게 위임 · 위탁할 수 있는 권한으로 옳지 않은 것은?

① 조합에 대한 감사 중 일상적인 업무에 대한 감사

② 청산사무의 감독

③ 감독을 위한 필요한 조치와 명령

④ 경영지도업무

TIP 해양수산부장관이 회장에게 위임 · 위탁할 수 있는 권한〈수산업협동조합법 시행령 제62조〉
　　㉠ 청산사무의 감독
　　㉡ 경영지도업무
　　㉢ 조합에 대한 감사 중 일상적인 업무에 대한 감사와 그 결과에 따른 필요한 조치

11 다음 중 고유식별정보에 속하지 않는 것은?

① 주민등록번호   ② 핸드폰번호

③ 여권번호   ④ 외국인등록번호

TIP 고유식별정보 … 주민등록번호, 여권번호, 운전면허의 면허번호 또는 외국인등록번호를 말한다〈수산업협동조합법 시행령 제69조의2 제1항〉.

12 조합, 중앙회 또는 수협은행이 고유식별정보를 처리할 수 있는 업무로 옳지 않은 것은?

① 임직원의 승진임용에 관한 사무   ② 우선출자에 관한 사무

③ 임원의 결격사유 확인에 관한 사무   ④ 배당에 관한 사무

TIP 조합, 중앙회 또는 수협은행이 고유식별정보를 처리할 수 있는 업무〈수산업협동조합법 시행령 제69조의2 제1항〉
    ㉠ 조합원의 자격, 출자, 사업 이용 및 지분환급에 관한 사무
    ㉡ 준조합원의 가입, 탈퇴 및 사업이용에 관한 사무
    ㉢ 우선출자에 관한 사무
    ㉣ 조합원의 탈퇴 확인에 관한 사무
    ㉤ 감사 및 이에 따른 조치 등에 관한 사무
    ㉥ 임원의 결격사유 확인에 관한 사무
    ㉦ 비조합원의 사업 이용에 관한 사무
    ㉧ 배당에 관한 사무
    ㉨ 자회사에 대한 지도 · 감독에 관한 사무
    ㉩ 회원에 대한 지도 · 감사 및 이에 따른 조치 등에 관한 사무
    ㉪ 수산금융채권의 발행 및 관리에 관한 사무

13 수산업협동조합법령상 고유식별정보를 처리할 수 없는 주체는?

① 중앙회 또는 수협은행   ② 해양수산부장관

③ 지방자치단체의 장   ④ 조합등

TIP 수산업협동조합법령상 고유식별정보을 처리할 수 있는 기관〈수산업협동조합법 시행령 제69조의2〉
    ㉠ 조합, 중앙회 또는 수협은행
    ㉡ 해양수산부장관
    ㉢ 지방자치단체의 장

14 다음 중 조합, 중앙회 또는 수협은행이 건강정보를 처리할 수 있는 사무로 옳지 않은 것은?

① 공제사업의 유지·관리 및 공제금의 지급 등에 관한 사무

② 타인을 위한 공제계약의 체결에 관한 사무

③ 공제계약의 체결을 중개 또는 대리를 위한 사무

④ 제3자에게 배상할 책임을 이행하기 위한 사무

TIP 조합, 중앙회 또는 수협은행이 건강정보를 처리할 수 있는 업무〈수산업협동조합법 시행령 제69조의2 제4항〉
　　㉠ 공제사업 또는 공제계약의 체결, 유지·관리 및 공제금의 지급 등에 관한 사무 : 공제계약자 또는 피공제자에 관한 건강정보 또는 고유식별정보
　　㉡ 타인을 위한 공제계약의 체결, 유지·관리 및 공제금의 지급에 관한 사무 : 피공제자에 관한 건강정보 또는 고유식별정보
　　㉢ 제3자에게 배상할 책임을 이행하기 위한 사무 : 제3자에 대한 건강정보 또는 고유식별정보
　　㉣ 공제수익자 지정 또는 변경에 관한 사무 : 공제수익자에 관한 고유식별정보
　　㉤ 단체공제계약의 체결, 유지·관리 및 공제금의 지급에 관한 사무 : 피공제자에 대한 건강정보 또는 고유식별정보

15 해양수산부장관이 법령위반에 대해 취할 수 있는 조치로 옳지 않은 것은?

① 조합등의 총회의결이 법령에 위반되면 집행정지를 명할 수 있다.

② 징계면직조치를 요구받은 조합등 또는 중앙회는 지체 없이 징계위원회를 열어야 한다.

③ 법령위반에 대한 시정명령이 이행되지 않으면 업무의 전부 또는 일부를 정지시킬 수 있다.

④ 중앙회의 선거가 법령에 위반된 경우 당선을 취소할 수 있다.

TIP ② 조합등 또는 중앙회가 임직원의 개선, 징계면직의 조치를 요구받은 경우 해당 임직원은 그 날부터 그 조치가 확정되는 날까지 직무가 정지된다〈수산업협동조합법 제170조 제3항〉.
　　①④ 해양수산부장관은 조합등과 중앙회의 총회·대의원회 또는 이사회의 소집 절차, 의결 방법, 의결내용이나 선거가 법령, 법령에 따른 처분 또는 정관에 위반된다고 인정할 때에는 그 의결에 따른 집행의 정지 또는 선거에 따른 당선의 취소를 할 수 있다〈수산업협동조합법 제170조 제1항〉.
　　③ 수산업협동조합법 제170조 제4항

16 해양수산부장관이 법령위반에 대한 임직원에게 취할 수 있는 조치로 옳지 않은 것은?

① 직원에 대해서는 감봉 또는 견책처분을 할 수 있다.

② 임원에 대해서는 직무정지와 견책 또는 경고처분을 할 수 있다.

③ 임원에 대해서는 해임 또는 직무정지를 할 수 있다.

④ 직원에 대해서는 정직 또는 징계면직을 할 수 있다.

TIP 해양수산부장관은 조합등과 중앙회의 업무 또는 회계가 법령, 법령에 따른 처분 또는 정관에 위반된다고 인정할 때에는 그 조합등 또는 중앙회에 대하여 기간을 정하여 시정을 명하고 해당 임직원에 대하여 다음의 조치를 하게 할 수 있다〈수산업협동조합법 제170조 제2항〉.
ㄱ 임원 : 개선, 직무정지, 견책 또는 경고
ㄴ 직원 : 징계면직, 정직, 감봉 또는 견책

※ **임원의 직무정지** … 해양수산부장관은 임원의 직무를 정지하려는 때에는 당사자에게 미리 그 근거와 이유를 서면으로 알려야 한다〈수산업협동조합법 시행령 제67조〉.

17 조합등 또는 중앙회가 시정명령 또는 임직원에 대한 조치를 이행하지 않은 경우의 조치방법은?

① 해당 업무의 전부 또는 일부를 6개월 이내의 기간동안 정지시킬 수 있다.

② 해당 임직원들을 즉시 해고할 수 있다.

③ 해당 업무를 1년간 정지시킬 수 있다

④ 과태료를 부과할 수 있다.

TIP 해양수산부장관은 조합등 또는 중앙회가 시정명령 또는 임직원에 대한 조치를 이행하지 아니하면 6개월 이내의 기간을 정하여 해당 업무의 전부 또는 일부를 정지시킬 수 있다〈수산업협동조합법 제170조 제4항〉.

18 다음 중 업무정지의 세부기준 중 일반기준에 대한 설명으로 옳지 않은 것은?

① 위반행위가 둘 이상인 경우에는 무거운 처분기준의 2분의 1의 범위에서 가중할 수 있다.

② 처분권자가 위반상태를 시정하거나 해소한 경우에는 업무정지 처분의 2분의 1의 범위에서 감경할 수 있다.

③ 위반행위가 둘 이상으로 가중처분 할 경우 각 처분기준을 합산한 기간을 초과할 수 없다.

④ 위반행위의 횟수에 따른 행정처분기준은 최근 3년간 같은 위반행위로 업무정지처분을 받은 경우에 적용한다.

TIP 업무정지의 세부기준 중 일반기준〈수산업협동조합법 시행규칙 제10조의4 별표 2〉
  ㉠ 위반행위가 둘 이상인 경우에는 무거운 처분기준의 2분의 1의 범위에서 가중할 수 있되, 각 처분기준을 합산한 기간을 초과할 수 없다.
  ㉡ 위반행위의 횟수에 따른 행정처분 기준은 최근 1년간 같은 위반행위로 업무정지 처분을 받은 경우에 적용한다. 이 경우 위반 횟수별 처분기준의 적용일은 위반행위에 대하여 처분을 한 날과 다시 같은 위반행위(처분 후의 위반행위만 해당한다)를 적발한 날로 한다.
  ㉢ 처분권자는 다음의 어느 하나에 해당하는 경우에는 업무정지 처분의 2분의 1의 범위에서 감경할 수 있다.
    • 위반행위가 고의나 중대한 과실이 아닌 사소한 부주의나 오류로 인한 것으로 인정되는 경우
    • 위반상태를 시정하거나 해소한 경우
    • 그 밖에 위반행위의 정도, 위반행위의 동기와 그 결과 등을 고려하여 업무정지 기간을 줄일 필요가 있다고 인정되는 경우
  ㉣ 개별기준에 따른 업무정지처분은 위반행위 관련 분야 업무에 한정한다.

19 임원에 대한 개선요구를 이행해야 하는 경우를 2차례 이상 위반한 경우의 처분은?

① 업무정지 2개월   ② 업무정지 3개월
③ 업무정지 4개월   ④ 업무정지 6개월

TIP 임원에 대한 개선요구에 대한 이행을 2차례 이상 위반한 경우에는 6개월의 업무정지처분을 한다.

20 직원에 대한 징계면직요구를 한차례 이행하지 않은 경우의 처분기준은?

① 업무정지 1개월   ② 업무정지 2개월
③ 업무정지 3개월   ④ 업무정지 4개월

TIP 업무정지의 세부기준 중 개별기준〈수산업협동조합법 시행규칙 제10조의4 별표 2〉

위반행위	업무정지의 내용	
	1차 위반	2차 이상 위반
• 시정명령을 이행하지 않은 경우	업무정지 3개월	업무정지 6개월
• 다음의 조치요구를 이행하지 않은 경우 -임원에 대한 개선요구를 이행하지 않은 경우 -임원에 대한 직무정지요구를 이행하지 않은 경우 -임원에 대한 견책 또는 경고요구를 이행하지 않은 경우	업무정지 3개월 업무정지 2개월 업무정지 1개월	업무정지 6개월 업무정지 4개월 업무정지 2개월
• 다음의 조치요구를 이행하지 않은 경우 -직원에 대한 징계면직요구를 이행하지 않은 경우 -직원에 대한 정직요구를 이행하지 않은 경우 -직원에 대한 감봉 또는 견책요구를 이행하지 않은 경우	업무정지 2개월 경고 경고	업무정지 4개월 업무정지 2개월 업무정지 1개월

21 해양수산부장관이 조합에 대해 경영지도를 실시할 수 있는 경우로 옳지 않은 것은?

① 조합의 수익이 급격하게 증가한 경우

② 조합의 부실대출 금액이 자기자본의 2배를 초과하고 회수가 단기간 내에 어려운 경우

③ 경영상태평가 후 중앙회의 회장이 건의하는 경우

④ 임직원의 위법·부당한 행위로 조합이 예금 또는 적금을 지급할 수 없는 상태에 이른 경우

TIP 해양수산부장관은 조합등이 다음의 어느 하나의 경우에 해당되어 조합원 보호에 지장을 줄 우려가 있다고 인정하면 해당 조합등에 대하여 경영지도를 한다〈수산업협동조합법 제172조 제1항〉.

⊙ 조합에 대한 감사 결과 조합의 부실대출을 합친 금액이 자기자본의 2배를 초과하는 경우로서 단기간 내에 일반적인 방법으로는 회수하기가 곤란하여 자기자본의 전부가 잠식될 우려가 있다고 인정되는 경우

ⓒ 조합등의 임직원의 위법·부당한 행위로 인하여 조합등에 재산상의 손실이 발생하여 자력으로 경영정상화를 추진하는 것이 어렵다고 인정되는 경우

ⓒ 조합의 파산 위험이 현저하거나 임직원의 위법·부당한 행위로 인하여 조합의 예금 또는 적금의 인출이 쇄도하거나 조합이 예금 또는 적금을 지급할 수 없는 상태에 이른 경우

ⓔ 경영상태의 평가 또는 감사의 결과 경영지도가 필요하다고 인정하여 중앙회의 회장이 건의하는 경우

ⓜ 조합에 적용되는 감독 및 검사의 결과 경영지도가 필요하다고 인정하여 금융위원회 또는 금융감독원장이 건의하는 경우

※ **경영지도의 통지** … 해양수산부장관은 경영지도를 할 때에는 그 사유 및 기간 등을 해당 조합등에 서면으로 알려야 한다〈수산업협동조합법 시행령 제63조〉.

Answer 18.④ 19.④ 20.② 21.①

22 해양수산부장관은 경영지도를 시작할 경우 채무지급을 정지시킬 수 있는 기한은?

① 3개월 이내
② 6개월 이내
③ 12개월 이내
④ 9개월 이내

TIP 해양수산부장관은 경영지도가 시작된 경우에는 6개월 이내의 범위에서 채무의 지급을 정지하거나 임원의 직무를 정지할 수 있다〈수산업협동조합법 제172조 제3항〉.

23 수산업협동조합법상 경영지도에 속하지 않는 것은?

① 불법·부실 대출의 회수
② 자금의 수급 및 여신·수신에 관한 업무
③ 예금·적금의 규모 및 여신·수신에 관한 업무
④ 위법·부당한 행위의 시정업무

TIP 경영지도의 범위〈수산업협동조합법 제172조 제2항〉
   ㉠ 불법·부실대출의 회수 및 채권의 확보
   ㉡ 자금의 수급 및 여신·수신에 관한 업무
   ㉢ 그 밖에 조합등의 경영에 관하여 <u>대통령령으로 정하는 사항</u>

   ※ **대통령령으로 정하는 사항**〈수산업협동조합법 시행령 제64조 제2항〉
     ㉠ 위법·부당한 행위의 시정
     ㉡ 부실한 자산의 정리
     ㉢ 인력 및 조직운영의 개선

24 해양수산부장관이 경영지도 중 재산실사를 요청할 수 있는 기관은?

① 금융감독원장
② 기획재정부장관
③ 지방자치단체의 장
④ 조합장

TIP 해양수산부장관은 경영지도가 시작된 경우에는 채무지급을 정지하거나 임원의 직무를 정지할 수 있다. 이 경우 중앙회의 회장에게 지체 없이 재산실사를 하게 하거나 금융감독원장에게 재산실사를 요청할 수 있다〈수산업협동조합법 제172조 제3항〉.

25 다음을 읽고 (   ) 안에 빈칸으로 알맞은 것을 고르면?

> 중앙회의 회장 또는 금융감독원장은 재산실사 결과 위법·부당한 행위로 인하여 조합등에 손실을 끼친 임직원에 대하여는 재산조회 및 가압류 신청 등 (   )을 위하여 필요한 조치를 하여야 한다.

① 손해배상
② 법적조치를 위한 형사재판
③ 재산압류조치의 방법
④ 손실금보전

TIP 중앙회의 회장 또는 금융감독원장은 재산실사 결과 위법·부당한 행위로 인하여 조합등에 손실을 끼친 임직원에 대하여는 재산 조회 및 가압류 신청 등 손실금보전을 위하여 필요한 조치를 하여야 한다〈수산업협동조합법 제172조 제4항〉.

26 중앙회의 회장이 경영부실 금융사고발생 조합에 대해 취할 수 있는 조치로 옳지 않은 것은?

① 수표발행 한도설정 및 신규수표 발행중지
② 자금결제 및 지급보증의 제한 또는 중지
③ 조합의 임직원을 해임 및 조합자산 동결
④ 금융사고가 발생한 조합에 대한 예금 대지급 중단

TIP 중앙회의 회장 또는 사업전담대표이사는 정관으로 정하는 바에 따라 경영적자·자본잠식 등으로 인하여 경영 상태가 부실한 조합에 대한 자금결제 및 지급보증의 제한이나 중지, 수표발행 한도의 설정 또는 신규수표의 발행 중지, 2년 이상 연속 적자조합에 대한 정책자금의 취급제한 또는 중지, 금융사고가 발생한 조합에 대한 예금 대지급 중단 등 자산 건전성 제고를 위하여 필요한 조치를 할 수 있다〈수산업협동조합법 제172조 제8항〉.

27 다음 중 경영지도를 할 때 직원을 조합등의 사무소에 파견하여 현지지도를 할 수 있는 경우로 옳지 않은 것은?

① 경영지도를 받고 있는 조합등이 불법경영의 가능성이 큰 경우

② 임직원이 불법·부실대출의 당사자인 경우

③ 불법·부실 대출이 추가로 이루어진 경우

④ 조합등이 불법·부실대출의 회수의 시정할 수 없다고 인정되는 경우

TIP 경영지도를 할 때 직원을 조합등의 사무소에 파견하여 현지지도를 할 수 있는 경우〈수산업협동조합법 시행령 제64조 제1항〉

㉠ 경영지도를 받고 있는 조합등이 불법경영의 가능성이 큰 경우

㉡ 불법·부실대출의 회수 실적이 모자라고 조합등이 자체적으로 시정할 수 없다고 인정되는 경우

㉢ 불법·부실대출이 추가로 이루어진 경우

㉣ 그 밖에 ㉠ 및 ㉡에 준하는 경우로서 현지지도를 할 필요가 있다고 인정되는 경우

---

28 다음 중 경영지도의 기간은?

① 3개월

② 5개월

③ 6개월

④ 1년

TIP 경영지도의 기간은 6개월로 한다. 다만, 해양수산부장관은 조합원을 보호하기 위하여 필요하다고 인정하면 6개월 단위로 경영지도의 기간을 연장할 수 있다〈수산업협동조합법 시행령 제65조 제1항〉.

---

29 다음 중 경영지도의 기간을 연장할 경우 해양수산부장관이 조합등에 알려야 하는 기한은?

① 경영지도 기간의 만료일 7일 전

② 경영지도 기간의 만료일 10일 전

③ 경영지도 기간의 만료일 14일 전

④ 경영지도 기간의 만료일 15일 전

TIP 해양수산부장관은 제1항에 따라 경영지도의 기간을 연장하려는 경우에는 그 이유를 구체적으로 밝혀 경영지도 기간의 만료일 15일 전까지 그 사실을 해당 조합등에 서면으로 알려야 한다〈수산업협동조합법 시행령 제65조 제2항〉.

※ 경영지도에 필요한 세부사항은 해양수산부장관이 정하여 고시한다〈수산업협동조합법 시행령 제65조 제3항〉.

30 해양수산부장관이 채무지급을 정지하고자 할 때 지급정지대상에서 제외되는 채무는?

① 가계대출금

② 임차료의 지급채무

③ 제세공과금

④ 최종 3개월분의 임금

TIP 해양수산부장관이 채무지급을 정지하고자 할 때 지급정지대상에서 제외되는 채무〈수산업협동조합법 시행령 제66조〉

　　ㄱ 제세공과금 또는 임차료의 지급채무

　　ㄴ 우선변제권이 인정되는 최종 3개월분의 임금 및 재해보상금에 관한 채무

　　ㄷ 우선변제권이 인정되는 최종 3년간의 퇴직금에 관한 채무

　　ㄹ 그 밖에 조합등의 유지·관리를 위하여 필요한 것으로서 해양수산부장관이 정하여 고시하는 채무

31 다음 중 분쟁조정위원회에 대한 설명으로 옳지 않은 것은?

① 설치목적은 회원의 건전한 발전을 도모하고 분쟁 등을 자율적으로 조정하기 위함이다.

② 분쟁조정위원회는 해양수산부장관이 설치한다.

③ 조합등, 중앙회 및 조합협의회 간의 업무구역, 사업영역 등에 관한 분쟁을 조정한다.

④ 분쟁조정위원회의 구성·운영 등에 필요한 사항은 중앙회의 정관으로 정한다.

TIP 분쟁조정위원회〈수산업협동조합법 시행령 제68조〉

　　ㄱ 회장은 회원의 건전한 발전을 도모하고 조합등, 중앙회 및 조합협의회 간의 업무구역, 사업영역 등에 관한 분쟁 등을 자율적으로 조정하기 위하여 분쟁조정위원회를 설치·운영할 수 있다.

　　ㄴ 분쟁조정위원회의 구성·운영 등에 필요한 사항은 중앙회의 정관으로 정한다.

Answer 27.② 28.③ 29.④ 30.① 31.②

32 해양수산부장관이 조합등의 설립인가를 취소하거나 합병을 명할 수 있는 경우로 옳지 않은 것은?

① 정당한 사유 없이 1년 이상 사업을 하지 아니한 경우
② 법령 위반에 대한 처분을 받고도 2회 이상 시정하지 아니한 경우
③ 설립인가일부터 30일이 지나도 설립등기를 하지 아니한 경우
④ 조합등의 설립인가기준에 미달하게 된 경우

TIP 조합등의 설립인가를 취소하거나 합병을 명할 수 있는 경우〈수산업협동조합법 제173조 제1항〉
  ㉠ 설립인가일부터 90일이 지나도 설립등기를 하지 아니한 경우
  ㉡ 정당한 사유 없이 1년 이상 사업을 하지 아니한 경우
  ㉢ 2회 이상 법령 위반에 대한 처분을 받고도 시정하지 아니한 경우
  ㉣ 조합등의 설립인가기준에 미달하게 된 경우
  ㉤ 조합등에 대한 감사 또는 경영평가의 결과 경영이 부실하여 자본을 잠식한 조합등으로서 조합원 또는 제3 자에게 중대한 손실을 끼칠 우려가 있는 경우

※ 해양수산부장관은 조합등의 설립인가를 취소하였을 때에는 즉시 그 사실을 공고하여야 한다〈수산업협동조 합법 제173조 제2항〉.

33 다음은 조합원 또는 회원의 검사청구에 대한 법조항이다. (   ) 안에 알맞은 것은?

> • 해양수산부장관은 조합원이 조합원 (   ) 이상의 동의를 받아 소속 조합의 업무 집행 상황이 법령 또는 조합의 정관에 위반된다는 사유로 검사를 청구하면 중앙회의 회장에게 그 조합의 업무 상황을 검사하게 할 수 있다.
> • 해양수산부장관은 중앙회의 회원이 회원 (   ) 이상의 동의를 받아 중앙회의 업무 집행 상황이 법령 또는 중앙회의 정관에 위반된다는 사유로 검사를 청구하면 금융감독원장에게 중앙회에 대한 검사를 요청할 수 있다.

① 10분의 1   ② 10분의 2
③ 10분의 3   ④ 10분의 5

34 다음 중 해양수산부장관이 청문을 해야 하는 경우로 옳은 것은?

① 임원의 직무정지
② 업무정지의 처분
③ 직원의 징계면직
④ 선거당선의 취소

CHAPTER

09 벌칙

1 다음 중 조합등 또는 중앙회의 임직원이 10년 이하의 징역 또는 1억 원 이하의 벌금에 처하는 경우는?

① 감독기관의 승인을 받지 아니한 경우
② 중앙회의 사업목적 외의 용도로 자금을 사용하거나 대출하는 행위를 한 경우
③ 법정적립금 등을 적립하거나 잉여금을 이월한 경우
④ 총회 또는 해양수산부장관의 승인을 받지 아니한 경우

TIP 조합등 또는 중앙회의 임직원이 다음의 어느 하나에 해당하는 행위로 조합등 또는 중앙회에 손실을 끼쳤을 때에는 10년 이하의 징역 또는 1억 원 이하의 벌금에 처한다〈수산업협동조합법 제176조 제1항〉.
ⓐ 조합등 또는 중앙회의 사업 목적 외의 용도로 자금을 사용하거나 대출하는 행위
ⓑ 투기의 목적으로 조합등 또는 중앙회의 재산을 처분하거나 이용하는 행위

※ 징역형과 벌금형은 병과할 수 있다〈수산업협동조합법 제176조 제2항〉.

2 조합등 또는 중앙회의 임원·집행간부·일반간부직원·파산관재인 또는 청산인이 3년 이하의 징역 또는 3천만 원 이하의 벌금에 처하는 경우로 옳지 않은 것은?

① 감독기관의 인가를 받지 아니한 경우
② 조합이 여유자금을 운용할 수 있는 경우를 제외한 방법으로 사용한 경우
③ 법정적립금 등을 공제하지 않고 잉여금을 배당한 경우
④ 중앙회의 재산을 투기의 목적으로 처분하거나 이용한 경우

TIP ④는 10년 이하의 징역 또는 1억 원 이하의 벌금에 처한다〈수산업협동조합법 제178조 제1항〉.

3 수산업협동조합법령상 벌칙금액이 다른 하나를 고르면?

① 수산업협동조합의 명칭을 무단으로 사용한 경우
② 결산에 관한 규정을 위반한 경우
③ 이사회에 대한 보고를 부실하게 하거나 사실을 은폐한 경우
④ 조합 및 중앙회가 재무상태표를 작성하지 아니한 경우

TIP ①은 명칭을 사용한 자에게는 200만 원 이하의 과태료를 부과한다〈수산업협동조합법 제180조 제1항〉.
②③④는 3년 이하의 징역 또는 3천만 원 이하의 벌금에 처한다〈수산업협동조합법 제177조〉.

4 조합등 또는 중앙회의 임원이 "법정적립금 및 자본적립금을 사용한 경우"에 대한 처분으로 옳은 것은?

① 1년 이하의 징역 또는 1천만 원 이하의 벌금에 처한다.
② 2년 이하의 징역 또는 2천만 원 이하의 벌금에 처한다.
③ 3년 이하의 징역 또는 3천만 원 이하의 벌금에 처한다.
④ 10년 이하의 징역 또는 1억 원 이하의 벌금에 처한다.

TIP 조합등 또는 중앙회의 임원·집행간부·일반간부직원·파산관재인 또는 청산인이 3년 이하의 징역 또는 3천만 원 이하의 벌금에 처하는 경우〈수산업협동조합법 제177조〉
㉠ 감독기관의 인가를 받지 아니한 경우
㉡ 총회·대의원회 또는 이사회의 의결을 거쳐야 하는 사항에 대하여 의결을 거치지 아니하고 집행한 경우
㉢ 감독기관·총회·대의원회 또는 이사회에 대한 보고를 부실하게 하거나 사실을 은폐한 경우
㉣ 감독기관의 승인을 받지 아니한 경우
㉤ 지구별수협이 어업 및 그에 부대하는 사업의 경영을 위한 의결을 거치지 아니한 경우
㉥ 조합이 여유자금을 사용한 경우
㉦ 법정적립금 등을 적립하거나 잉여금을 이월한 경우
㉧ 손실보전을 하거나 잉여금을 배당한 경우
㉨ 법정적립금 및 자본적립금을 사용한 경우
㉩ 결산에 관한 규정을 위반한 경우
㉪ 조합 및 중앙회가 재무상태표를 작성하지 아니한 경우
㉫ 총회 또는 해양수산부장관의 승인을 받지 아니한 경우
㉬ 청산인이 재산을 분배한 경우 및 총회의 승인을 받지 아니한 경우
㉭ 등기를 부정하게 한 경우 및 감독기관의 검사 또는 중앙회의 감사를 거부·방해 또는 기피한 경우

Answer 1.② 2.④ 3.① 4.③

5 수산업협동조합법령상 "지구별수협의 임직원으로 선거운동을 한 자"에 대한 처분조치로 옳은 것은?

① 1년 이하의 징역 또는 1천만 원 이하의 벌금에 처한다.

② 2년 이하의 징역 또는 2천만 원 이하의 벌금에 처한다.

③ 3년 이하의 징역 또는 3천만 원 이하의 벌금에 처한다.

④ 10년 이하의 징역 또는 1억 원 이하의 벌금에 처한다.

TIP 2년 이하의 징역 또는 2천만 원 이하의 벌금〈수산업협동조합법 제178조 제1항〉
　㉠ 조합등과 중앙회를 이용하여 공직선거에 관여한 자
　㉡ 지구별수협의 임원이나 대의원으로 당선되게 하거나 못하게 할 목적으로 선거운동을 한 자
　㉢ 지구별수협의 임직원으로 선거운동을 한 자
　㉣ 조합장이 축의·부의금품을 제공한 자

6 다음을 위반한 자에 대한 처분조치로 옳은 것은?

> 임원이나 대의원이 되려는 사람은 선거운동을 위하여 선거일 공고일부터 선거일까지의 기간 중에는 조합원을 호별로 방문하거나 특정 장소에 모이게 할 수 없다.

① 1년 이하의 징역 또는 1천만 원 이하의 벌금에 처한다.

② 2년 이하의 징역 또는 2천만 원 이하의 벌금에 처한다.

③ 3년 이하의 징역 또는 3천만 원 이하의 벌금에 처한다.

④ 10년 이하의 징역 또는 1억 원 이하의 벌금에 처한다.

TIP 1년 이하의 징역 또는 1천만 원 이하의 벌금〈수산업협동조합법 제178조 제2항〉
　㉠ 임원이나 대의원이 되려는 사람이 선거기간 중에 조합원을 호별방문을 하거나 특정장소에 모이게 한 자
　㉡ 임원 또는 대의원 선거와 관련하여 선전벽보부착 등의 금지된 행위를 한 자
　㉢ 선거운동의 제한규정을 위반한 자
　㉣ 기부행위의 금지규정을 한 자

7 다음 중 "거짓 사실을 공표하는 등 후보자를 비방한 자"에 대한 벌금액은?

① 100만 원 이상 1천만 원 이하의 벌금

② 200만 원 이상 2천만 원 이하의 벌금

③ 300만 원 이상 3천만 원 이하의 벌금

④ 500만 원 이상 3천만 원 이하의 벌금

TIP 거짓 사실을 공표하는 등 후보자를 비방한 자는 500만 원 이상 3천만 원 이하의 벌금에 처한다〈수산업협동조합법 제178조 제4항〉.

8 다음 중 조합이나 중앙회의 임원 선거와 관련하여 당선무효형에 해당하지 않는 경우는?

① 당선인이 그 선거에서 징역형을 선고받은 경우

② 당선인의 배우자가 해당 선거에서 100만 원의 벌금형을 선고받은 경우

③ 당선인이 그 선거에서 300만 원의 벌금형을 선고받은 경우

④ 당선인의 직계 존속·비속이 해당 선거에서 500만 원의 벌금형을 선고받은 경우.

TIP 선거범죄로 인한 당선무효〈수산업협동조합법 제179조〉
　　㉠ 조합이나 중앙회의 임원 선거와 관련하여 다음의 어느 하나에 해당하는 경우에는 해당 선거의 당선을 무효로 한다.
　　• 당선인이 그 선거에서 징역형 또는 100만 원 이상의 벌금형을 선고받은 경우
　　• 당선인의 직계 존속·비속이나 배우자가 해당 선거에서 징역형 또는 300만 원 이상의 벌금형을 선고받은 경우. 다만, 다른 사람의 유도 또는 도발에 의하여 해당 당선인의 당선을 무효로 되게 하기 위하여 죄를 저지른 때에는 그러하지 아니하다.
　　㉡ 다음의 어느 하나에 해당하는 사람은 당선인의 당선무효로 실시사유가 확정된 재선거(당선인이 그 기소 후 확정판결 전에 사직함으로 인하여 실시사유가 확정된 보궐선거를 포함한다)의 후보자가 될 수 없다.
　　• 당선이 무효로 된 사람(그 기소 후 확정판결 전에 사직한 사람을 포함한다)
　　• 당선되지 아니한 사람(후보자가 되려던 사람을 포함한다)으로서 직계 존속·비속이나 배우자의 죄로 당선무효에 해당하는 형이 확정된 사람

9 다음 중 "조합등과 중앙회를 이용하여 공직선거에 관여한 자"에 대한 공소시효로 옳은 것은?

① 선거일 후 6개월   ② 선거일 후 6개월

③ 선거일 후 9개월   ④ 선거일 후 1년

TIP 수산업협동조합법 제178조(벌칙) 제1항부터 제4항까지에 규정된 죄의 공소시효는 해당 선거일 후 6개월(선거일 후에 지은 죄는 그 행위가 있었던 날부터 6개월)이 지남으로써 완성된다. 다만, 범인이 도피하였거나 범인이 공범 또는 범인의 증명에 필요한 참고인을 도피시킨 경우에는 그 기간을 3년으로 한다〈수산업협동조합법 제178조 제5항〉.

10 다음에 해당하는 경우의 과태료 금액으로 옳은 것은?

- 조합등 또는 중앙회의 임원·집행간부·일반간부직원·파산관재인 또는 청산인이 공고하거나 독촉하여야 할 사항에 대하여 공고 또는 독촉을 게을리하거나 부정한 공고 또는 독촉을 한 경우
- 수산업협동조합, 조합공동사업법인, 수산업협동조합협의회라는 명칭을 무단 사용한 경우

① 50만 원 이하   ② 100만 원 이하

③ 200만 원 이하   ④ 300만 원 이하

TIP 수산업협동조합, 조합공동사업법인, 수산업협동조합협의회라는 명칭을 사용한 자에게는 200만 원 이하의 과태료를 부과한다〈수산업협동조합법 제180조 제1항〉.

※ 조합등 또는 중앙회의 임원·집행간부·일반간부직원·파산관재인 또는 청산인이 공고하거나 독촉하여야 할 사항에 대하여 공고 또는 독촉을 게을리하거나 부정한 공고 또는 독촉을 한 경우에는 200만 원 이하의 과태료를 부과한다〈수산업협동조합법 제180조 제2항〉.

11 다음은 수산업협동조합법조항이다. (   ) 안에 알맞은 것은?

> 금전 · 물품이나 그 밖의 재산상의 이익을 제공받은 사람에게는 그 제공받은 금액 또는 가액의 (   )에 상당하는 금액의 과태료를 부과하되, 그 상한액은 3천만 원으로 한다.

① 10배 이상 50배 이하   ② 5배 이상 30배 이하

③ 3배 이상 20배 이하   ④ 2배 이상 10배 이하

TIP 금전 · 물품이나 그 밖의 재산상의 이익을 제공받은 사람에게는 그 제공받은 금액 또는 가액의 10배 이상 50배 이하에 상당하는 금액의 과태료를 부과하되, 그 상한액은 3천만 원으로 한다〈수산업협동조합법 제180조 제3항〉.

12 다음 중 과태료의 부과 · 징수권자는?

① 대통령   ② 기획재정부장관

③ 중앙선거관리위원회   ④ 국세청장

TIP 과태료는 대통령령으로 정하는 바에 따라 해양수산부장관 또는 중앙선거관리위원회가 부과 · 징수한다〈수산업협동조합법 제180조 제5항〉.

※ 과태료의 부과 및 징수절차 … 구 · 시 · 군선거관리위원회가 과태료를 부과 · 징수하는 경우 그 성질에 어긋나지 아니하는 범위에서 「공직선거관리규칙」 제143조를 준용한다〈수산업협동조합법 시행령 제70조〉.

13 다음 중 선거범죄 신고자 및 자수자에 대한 설명으로 옳지 않은 것은?

① 선거범죄 신고자 등은 공직선거법에 따라 보호한다.

② 공직선거에 관여한 자에 대하여 신고한 사람에게 포상금을 지급할 수 있다.

③ 금전 · 향응을 제공받은 자가 자수한 때에는 그 형 또는 과태료를 감경 또는 면제할 수 있다.

④ 선거관리위원회에 자신의 선거범죄 사실을 신고하여 선거관리위원회가 관계 수사기관에 이를 통보한 때에는 수사기관의 조사가 종료된 때를 자수한 때로 본다.

TIP ④선거관리위원회에 자신의 선거범죄 사실을 신고하여 선거관리위원회가 관계 수사기관에 이를 통보한 때에는 선거관리위원회에 신고한 때를 자수한 때로 본다〈수산업협동조합법 제183조 제2항〉.

Answer   9.② 10.③ 11.① 12.③ 13.④

서원각 용어사전 시리즈

상식은 "용어사전"

용어사전으로 중요한 용어만 한눈에 보자

중요한 용어만 공부하자!

1 **시사용어사전 1200**
매일 접하는 각종 기사와 정보 속에서 현대인이
놓치기 쉬운, 그러나 꼭 알아야 할 최신 시사상식
을 쏙쏙 뽑아 이해하기 쉽도록 정리했다!

2 **경제용어사전 1030**
주요 경제용어는 거의 다 실었다! 경제가 쉬워지
는 책, 경제용어사전!

3 **부동산용어사전 1300**
부동산에 대한 이해를 높이고 부동산의 개발과 활
용, 투자 및 부동산 용어 학습에도 적극적으로 이
용할 수 있는 부동산용어사전!

- 최신 관련 기사 수록
- 다양한 용어를 수록하여 1000개 이상의 용어 한눈에 파악
- 용어별 중요도 표시 및 꼼꼼한 용어 설명
- 파트별 TEST를 통해 실력점검

자격증

한번에 따기 위한 서원각 교재

한 권에 준비하기 시리즈 / 기출문제 정복하기 시리즈를 통해 자격증 준비하자!